Jane Austen zum Vergnügen

Jane Austen zum Vergnügen

Aus dem Englischen übersetzt
und herausgegeben
von Ursula und Christian Grawe

Mit 8 Abbildungen

Philipp Reclam jun. Stuttgart

RECLAMS UNIVERSAL-BIBLIOTHEK Nr. 18856

Umschlagillustration: Nikolaus Heidelbach, Köln
Umschlaggestaltung: Eva Knoll, Stuttgart
Gesamtherstellung: Reclam, Ditzingen. Printed in Germany 2012
RECLAM, UNIVERSAL-BIBLIOTHEK und
RECLAMS UNIVERSAL-BIBLIOTHEK sind eingetragene Marken
der Philipp Reclam jun. GmbH & Co. KG, Stuttgart
ISBN 978-3-15-018856-9
www.reclam.de

Inhalt

Vorwort

Endlich! Endlich beginnt die englische Romanschriftstellerin Jane Austen (1775–1817) auch im deutschsprachigen Raum den Ruhm, die Anerkennung und Popularität zu genießen, die sie in der englischsprachigen Welt schon seit mindestens 150 Jahren besitzt. Dort ist sie eine Kultfigur, »Darling Jane«, dort sind die zahllosen »Janeites« von Neuseeland über Asien und Europa bis Amerika in Jane-Austen-Gesellschaften vereinigt; und dort löst die bloße Erwähnung ihres Namens stilles Schmunzeln, heiteres Lachen und helle Bewunderung aus. Den berühmten, zu aktuellen Zwecken immer wieder neu variierten ersten Satz von *Stolz und Vorurteil* (s. S. 47) kennt man auswendig, und bestimmte Charaktere aus ihren Romanen (z. B. Miss Bates in *Emma* und Mr. Collins in *Stolz und Vorurteil*) sind sprichwörtlich. Auf die Frage, ob er auch Romane lese, antwortete der englische Philosoph Gilbert Ryle: »Ja, alle sechs – jedes Jahr einmal.« Dass er von Jane Austen sprach, brauchte er nicht hinzuzufügen; es verstand sich von selbst. Alle paar Jahre entsteht ein neuer Film oder eine neue Fernsehserie nach einem ihrer Romane, über die dann intensiv diskutiert wird, denn Sachkenner von Jane Austen ist in der englischsprachigen Welt nahezu jeder halbwegs gebildete Mensch.

Einige dieser Verfilmungen sind unterdessen auch

»L'aimable Jane«

Diese in ein Exemplar der zweiten Auflage von *Mansfield Park* eingeklebte Silhouetttenzeichnung stellt vermutlich die Autorin dar.

in Deutschland gezeigt worden, und angeblich lässt Colin Firths Darstellung von Mr. Darcy in der sechsteiligen Fernsehserie nach *Stolz und Vorurteil* auch die deutschen Frauenherzen höher schlagen. Seit einigen Jahrzehnten liegen Jane Austens sechs Romane vollständig in deutschen Übersetzungen vor. Ja, *Stolz und Vorurteil* nimmt auf einer vor einigen Jahren veröffentlichten Liste der 100 beliebtesten Bücher der Deutschen immerhin Platz 17 ein. Unterdessen macht Jane Austen auch Conan Doyles Detektiv Sherlock Holmes und Agatha Christies scheinbar argloser Detektivin Miss Marple Konkurrenz. In der Serie von bisher neun Kriminalromanen der amerikanischen Schriftstellerin Stephanie Barron (etwa *Jane and the Prisoner of Wool House* oder *Jane and the Ghosts of Netley*) ist es unsere Autorin, die die Verbrechen in ihrer Umgebung löst. Sogar zur Kinoheldin ist »Darling Jane« aufgestiegen. Der Film *Becoming Jane* (2006) kreist um ihre Jugendliebe zu Tom Lefroy und um ihr Leben, bevor sie zur berühmten Autorin wurde.

Jane Austen ist das Musterbeispiel eines anspruchsvollen Autors, der sich zugleich außerordentlicher Popularität erfreut; eines Autors, der einerseits die literaturwissenschaftliche Forschung zu immer neuen Interpretationen und Studien anregt, und der andererseits zugleich das elementare Lesevergnügen einer riesigen weniger ambitionierten Lesegemeinde in hohem Maße befriedigt; eines Autors eben, bei dem literarisches Niveau und elementare Handlungsspannung sich nicht widersprechen. In der englischen Literatur des 19. Jahrhunderts ist das nicht einmalig, aber in der deutschen Literatur vor 1900 repräsentiert wohl nur Theodor Fontane einen solchen Fall.

Jane Austen war ein literarisches Naturtalent und ein Genie der Ironie und Komik. Mit etwa zwölf Jahren begann sie zu schreiben: Kürzestgeschichten, fiktive Briefe, Mini-Theaterstücke, aber zunehmend auch längere Erzählungen und sogar Romane, deren Hauptgestalten eben – wie in den späteren Romanen – Frauen sind. Aber auch die abstrusen Abenteuer junger Männer bilden öfter ein Handlungszentrum – schließlich gehörten ihre Brüder zu ihrem Publikum, und viele dieser frühen Texte karikieren Charakterzüge ihrer Geschwister. Im Familienkreis nämlich las die stolze Autorin, die die einzelnen Stücke in pompös-ironischen Widmungen fast immer einem Familienmitglied zueignete, ihre Erfindungen vor. Die Heiterkeit war groß, denn in diesen Texten des Teenagers wird die sittliche Welt auf den Kopf gestellt, werden die strengen Anstandsgebote der zivilisierten englischen Gesellschaft um 1800 mit Füßen getreten. Nach Herzenslust und ohne die geringste Reue oder Rücksicht auf andere Menschen wird in Jane Austens Jugendwerken geheuchelt, gelogen, betrogen, gestohlen und gemordet. Aber auch die Menschenfreundlichkeit wird gelegentlich maßlos übertrieben: Dann treiben Menschen ihre grenzenlose Großzügigkeit so weit, dass sie Haus und Hof verschenken und sich dann auch noch beim Empfänger für seine Güte bedanken. Ins Groteske übertrieben wird auch die Empfindsamkeit der frivolen, ja kriminellen jungen Damen, die Ungeheuerlichkeiten begehen und dann »abwechselnd« auf dem Sofa in Ohnmacht fallen. Die junge Jane Austen treibt mit charmanter Bedenkenlosigkeit und erstaunlicher literarischer Treffsicherheit mit Entsetzen Scherz, tut es aber auf so überwältigend komische Art, dass das Lachen, das vor über 200 Jahren im Austenschen Pfarrhaus begann, sich noch heute unvermindert fortsetzt.

Jane Austens ursprünglicher Impuls zu schreiben war sicher das Bedürfnis, komische Wirkungen zu erzielen und andere zum Lachen zu bringen. Schon als junges Mädchen entdeckte sie ihre parodistische und satirische Ader. Es machte ihr Spaß, augenzwinkernd eine Gegenwelt zu der wohlanständigen Gesellschaft zu entwerfen, in der sie lebte. »Manners«, gepflegte Umgangsformen, regulierten den Alltag der aristokratischen und bürgerlichen Schichten in einem heute schwer vorstellbaren Maß und forderten Jane *literarisch* zum Lächerlichmachen heraus, ohne dass sie *im Leben* gegen sie verstieß.

Sie wuchs in einem ländlichen Pfarrhaus in Südengland auf und kam im Laufe ihres kurzen Lebens – König Georg III. (1760–1820), der Monarch ihrer Lebenszeit, regierte fast zwei Jahrzehnte länger, als Jane Austen lebte – nie über einen Umkreis von etwa 150 Kilometern von ihrem Heimatdorf hinaus. Aber ihre spätere Behauptung gegenüber dem Bibliothekar des Prinzregenten, »ich glaube, ich kann mich rühmen, die ungebildetste und unwissendste Frau zu sein, die es je gewagt hat, Schriftstellerin zu werden«, ist sicher ironisch gemeint, denn die Familie des Pfarrers Austen mit fünf Söhnen und zwei Töchtern bildete eine kultivierte und bildungsbegierige häusliche Atmosphäre. Der Vater nahm Schüler in sein Haus auf, um seine Finanzen aufzubessern, und bereitete zwei seiner Söhne selbst auf die Universität vor. Dass Jane Austen mit etwa Sechzehn eine humoristische *Geschichte Englands von der Herrschaft Heinrichs IV. bis zum Tod Karls I., von einer parteiischen, voreingenommenen und ahnungslosen Historikerin* schrieb, die ihre Geschichtskenntnis und ihre Vertrautheit mit Shakespeares »Historien« zeigt und die ihre Schwester mit hübschen Aquarellen illustrierte, ist ein Beleg unter vielen anderen für die intellektuelle Atmosphäre im Hause Austen. Zwei dieser kurzen Königsbiographien sind als Beispiele in den vorliegenden Band aufgenommen worden.

Anders als in vielen anderen Familien gleichen

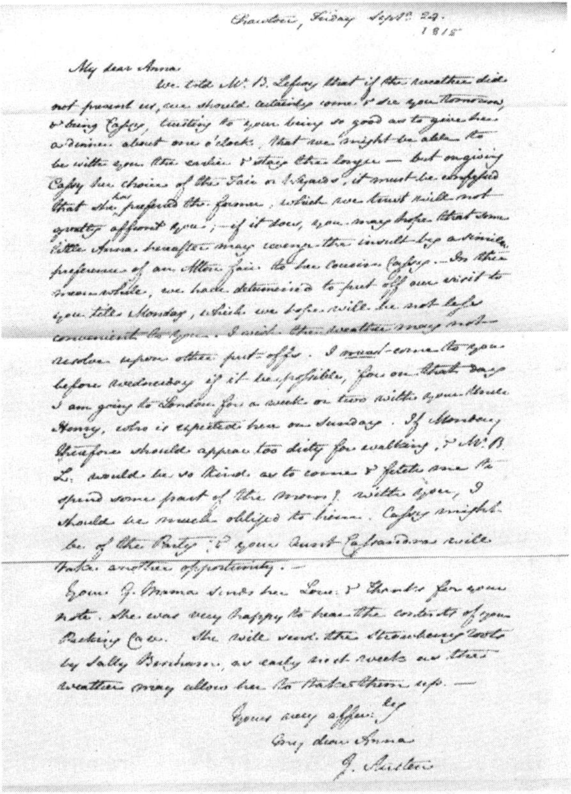

Chawton, Friday Septr. 29.
1815

My dear Anna

We told Mr. B. Lefroy that if the weather did not prevent us, we should certainly come & see you tomorrow, & bring Cassy, trusting to your being so good as to give her a dinner about one o'clock, that we might be able to be with you the earlier & stay the longer — but on giving Cassy her choice of the Fair or Wyards, it must be confessed that she has preferred the former, which we trust will not greatly affront you; — if it does, you may hope that some little Anna hereafter may revenge the insult by a similar preference of an Alton Fair to her Cousin Cassy. — In the meanwhile, we have determined to put off our visit to you till Monday, which we hope will be not less convenient to you. I wish the weather may not resolve upon other put-offs. I must come to you before Wednesday if it be possible, for on that day I am going to London for a week or two with your Uncle Henry, who is expected here on Sunday. If Monday therefore should appear too dirty for walking, & Mr. B. L. would be so kind as to come & fetch me to spend some part of the Morn^g with you, I should be much obliged to him. Cassy might be of the Party, & your Aunt Cassandra will take another opportunity. —

Your G. Mama sends her Love & Thanks for your note. She was very happy to hear the contents of your Packing Case. She will send the Strawberry roots by Sally Benham, as early next week as the weather may allow her to take them up. —

Yours very affec:^ly
my dear Anna
J. Austen

Brief Jane Austens von 1815

oder höheren Standes verachtete man bei Austens das Lesen von Romanen keineswegs, was Jane viele literarische Anregungen vermittelte. Ihre Briefe enthalten viele Hinweise darauf; sogar Pfarrer Austen las Romane mit Vergnügen. Man frequentierte sogar die leicht anrüchigen öffentlichen Leihbüchereien, eine damals noch neue Einrichtung, mit der auch Frauen Geld zu verdienen versuchten. »Als Anreiz«, schrieb Jane am 18. Dezember 1798 an ihre Schwester, damit »wir Kunden ihrer Leihbücherei« werden, »teilt uns Mrs. Martin mit, dass ihre Sammlung nicht nur aus Romanen besteht, sondern alle möglichen Bücher enthält. Diesen hochgestochenen Anspruch hätte sie sich bei unserer Familie, die aus begeisterten Romanlesern besteht und sich dessen nicht schämt, sparen können.« In so manchem parodistisch angelegten Jugendwerk Jane Austens spuken daher auch im Hintergrund populäre Schauerromane oder sentimentale Frauenromane der Zeit herum. In *Kloster Northanger* gehört die Bekehrung der Heldin von der Versuchung, Schauerromane für lebensecht zu halten, zu ihrem Reifeprozess.

Eine repräsentative Auswahl dieser Juvenilia, die 2012 zum ersten Mal vollständig auf Deutsch im Reclam Verlag erscheinen, ist in den vorliegenden Band aufgenommen worden, der hierin den deutschen Lesern von Jane Austen Neues bietet.

In ihren frühen zwanziger Jahren wandelte sich Jane Austen von der parodistisch und satirisch begabten Tochter eines gebildeten Pfarrers, die ihre lesehungrige Familie mit literarischen Scherzen unterhielt, zur meisterhaften Romanschriftstellerin, die die Tiefe ihrer Begabung begriff und das Schreiben zur zentralen geistigen Tätigkeit ihres Lebens machte. Aber Ironie blieb zeit ihres Lebens ein zentrales Element ihrer Kunst. Die in den Juvenilia skizzenhaft angelegten absurden Charaktere werden in Jane Austens reifem Werk – ihren sechs Romanen und dem letzten, so vielversprechend beginnenden Romanfragment *Sanditon* – zu gerundeten Figuren entwickelt. Ein paar dieser menschlichen ›Prachtexemplare‹ werden in dem vorliegenden Band in charakteristischen kurzen Szenen vorgestellt, so etwa aus *Emma* der schlecht gelaunte Mr. John Knightley, der seinen Mitgästen ein gesellschaftliches Ereignis der Weihnachtstage miesmacht, die einfältige und geschwätzige Miss Bates und die herablassende und kokette Mrs. Elton; aus *Stolz und Vorurteil* der eitle und bösartige Pastor Collins und der desillusionierte Familienvater Mr. Bennet; aus *Verstand und Gefühl* die missgünstige Mrs. John Dashwood, die es fertigbringt, ihrem Mann seine finanziellen Verpflichtungen gegenüber seiner Mutter und seinen Schwestern auszureden und ihre Gemeinheit dann als Segen für diese darzustellen; und aus *Sanditon* der überkandidelte, eingebildete Herzensbrecher Sir Edward und der genusssüchtige Hypochonder Arthur Parker; und einige mehr.

Nicht umsonst gelten Jane Austens Werke als Beginn und zugleich erster Höhepunkt des englischen Realismus im 19. Jahrhundert. Die Genauigkeit des sozialen Milieus, der sozialen Rangunterschiede und auch der Alltagskultur und die standesgemäße oder individuelle Sprechweise von Menschen werden genau beachtet. Jane Austen publizierte alle ihre Romane anonym, weil sie wohl nicht die Aufmerksamkeit ihrer Umwelt erregen und in ihr zum Kuriosum werden wollte; weil sie fürchtete, dass man eine weibliche Autorin weniger ernst nahm; und weil sie damit des Vorwurfs enthoben war, sie berichte womöglich eigene Erfahrungen und Erlebnisse. Aber lange ließ sich die Anonymität nicht wahren. »Das Geheimnis ist so weit verbreitet«, schrieb Jane am 25. September 1813 an ihren Bruder Francis, »dass es kaum noch der Schatten eines Geheimnisses ist. Wenn der dritte Roman erscheint, werde ich daher lieber viel Geld als viel Geheimniskrämerei damit machen.«

Als aber ihre Nichte Anna und ihr Neffe Edward, die Kinder ihres Bruders James, erfuhren, dass ihre Tante eine geschätzte Schriftstellerin war, schickten sie ihr ihre eigenen Romanversuche zur Beurteilung zu. Jane las sie ihrer Mutter und ihrer Schwester vor und achtete dabei vor allem darauf, dass das Wahrscheinliche nicht missachtet wurde. Diese Briefe aus den letzten drei Jahren ihres Lebens enthalten deshalb aufschlussreiche Bemerkungen über ihr Literaturverständnis. Im letzten Kapitel des vorliegenden Bandes sind ein paar solcher Ratschläge zusammen mit Äußerungen über ihre eigene Kunst gesammelt.

Es handelt sich aber bei Jane Austen trotz ihrer Wirklichkeitstreue um eine Spielart dessen, was man in der deutschen Literaturwissenschaft als »poetischen Realismus« bezeichnet. Und wieder bietet sich Fontane als deutsches Gegenbeispiel an. Jane Austens menschliche Lebenswelt wird zwar lebensecht, aber keineswegs wahllos porträtiert. Sie ist bei aller realistischen Genauigkeit immer künstlerisch streng geformt und auf ethische Grundpositionen bezogen. Das Absurde, Fehlerhafte, ja Unmenschliche wird als solches durch Ironie entlarvt und – oft nur andeutungsweise oder gar unausgesprochen – mit seinem positiven Gegenbild kontrastiert.

Dass solche Charaktere nicht nur Jane Austens Fantasie entsprangen und in ihren Romanen ihr Wesen treiben, lässt sich ihren in Deutschland bisher weitestgehend unbekannten Briefen entnehmen. Der größte Teil der erhaltenen Briefe ist an ihre ältere Schwester Cassandra gerichtet; und da diese viele Briefe absichtlich vernichtet und in anderen Stücke herausgeschnitten hat, sind vermutlich einige Perlen von Jane Austens maliziöser Menschencharakterisierung verloren gegangen. Immer wieder beschreibt sie Cassandra sprachgewandt, treffend und scharfzüngig die Eigenarten ihrer menschlichen Umwelt, wobei Familienmitglieder, Nachbarn und auch weitläufiger Bekannte nicht verschont werden. Sie hatte eine unbestechliche Beobachtungsgabe, ließ es aber nicht bei der Abschilderung kurioser menschlicher Züge und unkultivierten Benehmens bewenden. Sie misst vielmehr menschliches Verhalten an einem Ideal mitmenschlicher Anteilnahme und gesellschaftlicher Etikette. David Cecil charakterisiert diese Werte in *A Portrait of Jane Austen* (1978) als »Tugend, Einsicht und Geschmack«.

Daher sind Jane Austens Romane gewissermaßen auch Kompendien einer sich im Alltag bewährenden Lebensweisheit, die sich zu regelrechten und – wie bei dieser Autorin kaum anders zu erwarten – oft ironisch formulierten Aphorismen verdichtet. Und auch diese Dimension ihres Werkes darf in *Jane Austen zum Vergnügen* nicht fehlen.

So bietet *Jane Austen zum Vergnügen* eine bunte Mischung von recht unterschiedlichen Texten aus Jane Austens gesamter Schaffenszeit: kurze Aphorismen, Dialoge, ein Mini-Drama, Briefauszüge, halbseitige bis mehrseitige Jugenderzählungen und Romanausschnitte. Bei den Jugendwerken war es sogar möglich, einige der urkomischen kurzen Erzählungen vollständig abzudrucken (wenn die Texte ungekürzt sind, ist das jeweils angegeben).

Jane Austens Œuvre besteht aus

- ihren sechs Romanen: *Sense and Sensibility* (1811, *Verstand und Gefühl*), *Pride and Prejudice* (1813, *Stolz und Vorurteil*), *Mansfield Park* (1814), *Emma* (1816), *Northanger Abbey* (1817, *Kloster Northanger*) und *Persuasion* (1817, *Überredung*), die beiden letzten wurden erst nach dem Tod der 42-jährigen Autorin von ihrem Bruder Henry herausgegeben);
- drei nachgelassenen Romanfragmenten: *Lady Susan* und *The Watsons*, deren Entstehungszeit nicht sicher ist, und *Sanditon*, dem Roman, an dem sie im letzten Lebensjahr arbeitete und der nur bis Kapitel 12 gediehen ist;
- den zwischen 1787 und 1793 geschriebenen Jugendwerken, die die Autorin selbst in drei Heften (etwa 250 Druckseiten) gesammelt hat;
- und der Sammlung ihrer etwa 150 erhaltenen Briefe, die zum größten Teil an ihre ältere Schwester Cassandra gerichtet sind.

Aus allen diesen Werken enthält der vorliegende Band Auszüge. Die Texte aus den *Letters* sind bisher zum größten Teil auf Deutsch nicht erschienen; sie haben deshalb auch für die deutschen »Janeites«, die unterdessen ja recht zahlreich sind, den Reiz der Neuheit. Aber die Herausgeber hoffen natürlich, dass *Jane Austen zum Vergnügen* der anspruchsvollen, lesenswerten und amüsanten Autorin auch neue Leserinnen und Leser gewinnt, die nun zu ihren Romanen greifen.

Ursula und Christian Grawe
Melbourne (Australien)

I

Unsere Familienangelegenheiten sind ziemlich zerrüttet

Mein Vater stammte aus Irland und lebte in Wales; meine Mutter war die uneheliche Tochter eines schottischen Adligen und einer italienischen Opernsängerin – ich wurde in Spanien geboren und erhielt meine Erziehung in einem Kloster in Frankreich.

Laura in *Liebe und Freundschaft,* SC 90

*

[...] ich werde Mrs. Harrison treffen, und wir werden über Benn und Anna [Lefroy, Jane Austens Nichte und deren Mann, zu dessen Verwandtschaft Mrs. Harrison gehörte] sprechen. »Meine liebe Mrs. Harrison«, werde ich sagen, »ich fürchte, der Mann hat etwas von Ihrer Familienverrücktheit abbekommen, und obwohl es oft den Anschein hat, als ob auch Anna ein bisschen verrückt ist, hat sie den größeren Teil davon, glaube ich, eher von ihrer Familie mütterlicherseits als von unserer geerbt.« Das werde ich ihr sagen, und ich glaube, darauf wird ihr eine Antwort schwerfallen.

L 367, 3. November 1813

*

Edgar und Emma

Eine Erzählung

Erstes Kapitel

»Ich begreife gar nicht«, sagte Sir Godfrey zu seiner Gemahlin, »warum wir immer noch in dieser beklagenswerten Wohnung und obendrein in einer so provinziellen Kleinstadt wohnen, wenn wir doch drei solide Häuser in einigen der schönsten Gegenden Englands besitzen, in die wir jederzeit einziehen können!«

»Mein lieber Sir Godfrey«, erwiderte Lady Marlow, »mir geht es schon lange gegen den Strich, dass wir hier seit Jahren wohnen; und warum wir überhaupt hierher gekommen sind, ist mir ein Rätsel, da keins unserer Häuser im geringsten reparaturbedürftig ist.«

»Aber meine Liebe«, antwortete Sir Godfrey, »du bist die Letzte, die sich darüber beklagen sollte, denn wir sind doch nur dir zuliebe hierher gezogen; denn du musst dir doch darüber im klaren sein, welche Unannehmlichkeiten deine Töchter und ich in den zwei Jahren, die wir in so beengten Verhältnissen leben, in Kauf genommen haben, nur um dir einen Gefallen zu tun.«

»Mein Lieber«, entgegnete Lady Marlow, »wie kannst du die Wahrheit nur so entstellen, wenn du doch genau weißt, dass ich nur aus Rücksicht auf dich und die Mädchen unser geräumiges Haus in schönster Lage und bester Gesellschaft aufgegeben habe, um zwei Jahre lang in einer ungesunden Stadt mit schrecklicher Luftverschmutzung, eingepfercht in dieser Wohnung, und noch dazu drei Treppen hoch, zu leben, in der ich unter ständigem Fieber leide und mir fast die Schwindsucht zugezogen hätte.«

Da sie nach weiterem regem Wortwechsel nicht entscheiden konnten, wer mehr Schuld hatte, ließen sie die Auseinandersetzung klugerweise auf sich beruhen und brachen, als sie ihre Sachen gepackt und die Miete bezahlt hatten, am nächsten Morgen mit ihren beiden Töchtern zu ihrem Landsitz in Sussex auf.

[…]

Zweites Kapitel

Da sich die Nachricht von ihrer Ankunft schnell in der ganzen Gegend herumsprach, erhielten sie innerhalb weniger Tage Gratulationsvisiten aller Familien in der Umgebung.

Unter den Besuchern waren auch die Bewohner von Willmot Lodge, einer schönen Villa nicht weit von Marlhurst. Mr. Willmot stammte aus einer uralten Familie und besaß neben seinem väterlichen Besitz einen erheblichen Anteil an einer Bleimine und ein Lotterielos. Seine Gemahlin war eine umgängliche Frau. Die Zahl ihrer Kinder war zu groß, um im Einzelnen beschrieben zu werden; es muss genügen, dass sie recht gutartig waren und nicht zu Ungezogenheiten neigten. Ihre Familie war zu zahlreich, um Besuche in voller Stärke zu absolvieren, und deshalb wurden abwechselnd immer nur neun mitgenommen.

Als ihre Kutsche vor Sir Godfreys Haus hielt, schlugen die Herzen der beiden Miss Marlow in der freudigen Erwartung höher, eine ihnen so liebe Familie endlich wiederzusehen. Emma, die jüngere (die an dem Besuch besonders interessiert war, weil sie in den ältesten Sohn der Willmots verliebt war), stand am Fenster ihres Ankleidezimmers in der bangen Hoffnung, den jungen Edgar aus der Kutsche steigen zu sehen.

Mr. und Mrs. Willmot mit ihren ältesten drei Töchtern erschienen zuerst – Emma fing an zu zittern. Robert, Richard, Ralph und Rodolphus folgten – Emma erblasste. Die beiden jüngsten Mädchen wurden aus der Kutsche gehoben – Emma sank entseelt aufs Sofa.

Ein Diener trat ein, um ihr die Ankunft der Familie anzukündigen; ihr Herz war zu voll, um ihren Schmerz für sich zu behalten. Ein Seelentröster war nötig. In dem Diener Thomas hoffte sie einen zu finden, der vertrauenswürdig war, denn sie brauchte einfach Trost, und außer Thomas war niemand verfügbar. Ihm schüttete sie rückhaltlos ihr Herz aus; und als sie ihm ihre Leidenschaft für den jungen Willmot gestanden hatte, bat sie ihn um Rat, wie sie die trostlose Enttäuschung ertragen sollte, unter der sie litt.

Thomas, der sich liebend gern ihrer Beichte entzogen hätte, bat um Verständnis, sich diesem Ansinnen verweigern zu müssen, worein sie sich wohl oder übel fügen musste. Sie entließ ihn deshalb mit der inständigen Bitte um Diskretion und stieg mit schwerem Herzen die Treppe zum Wohnzimmer hinunter, wo sie die gut gelaunte Gesellschaft in angeregter Unterhaltung am lodernden Kaminfeuer versammelt fand.

Drittes Kapitel

Emma hielt sich schon eine ganze Weile im Wohnzimmer auf, bevor sie den Mut aufbrachte, Mrs. Willmot nach dem Rest ihrer Familie zu fragen, und auch dann geschah es mit so leiser, so zögernder Stimme, dass niemand sie hörte. Ihr erfolgloser erster Versuch nahm ihr so den Mut, dass sie erst einen zweiten Anlauf nahm, als Mrs. Willmot eins ihrer Mädchen bat, nach der Kutsche zu klingeln; da durchquerte Emma den Raum, ergriff den Klingelzug und sagte mit entschlossener Miene:

»Mrs. Willmot, Sie werden dieses Haus nicht verlassen, bevor Sie mir nicht mitgeteilt haben, wie es dem Rest ihrer Familie und vor allem Ihrem ältesten Sohn geht.«

Alle waren außerordentlich erstaunt über diese unerwarteten Worte – und zwar wegen der Art, wie sie ausgesprochen wurden. Aber Emma, die nicht noch einmal enttäuscht werden wollte, bestand auf einer Antwort, und so holte Mrs. Willmot zu folgender Erklärung aus:

»Allen unseren Kindern geht es prächtig, aber der größere Teil von ihnen ist augenblicklich nicht zu Hause. Amy ist bei meiner Schwester Clayton, Sam in der Schule in Eton, David ist bei seinem Onkel John, Jim und Will sind in der Schule in Winchester, Kitty ist in Queen's Square, Ned bei seiner Großmutter, Hetty und Patty sind in einer Klosterschule in Brüssel, Edgar ist auf der Universität, Peter ist bei seiner Amme, und alle übrigen (außer den neun hier) sind zu Hause.«

Nur mit Mühe konnte Emma die Tränen unterdrücken, als sie von Edgars Abwesenheit hörte; bis zum Abschied der Willmots allerdings behielt sie einigermaßen die Fassung. Dann aber ließ sie ihrem Kummer freien Lauf; sie zog sich in ihr Zimmer zurück und gab sich dort für den Rest ihres Lebens ihrem Tränenfluss hin. SC 37–40

*

Ich habe immer beobachtet, dass verträgliche Kinder auch verträgliche Erwachsene werden.

Mrs. Reynolds, SV 280

*

Als sie im Esszimmer Platz genommen hatten, stellte Sir John mit Bedauern fest, dass sie alles in allem nur acht Personen waren.

»Meine Liebe«, sagte er zu seiner Gemahlin, »es ist sehr ärgerlich, dass wir nur so wenige sind. Warum hast du die Gilberts nicht eingeladen, auch zu kommen?«

»Aber Sir John, ich habe dir doch gestern schon gesagt, dass das nicht geht. Sie haben zuletzt bei uns gespeist.«

»Sie und ich, Sir John«, sagte Mrs. Jennings, »brauchten uns an solche Förmlichkeiten nicht zu halten.«

»Das wäre sehr ungezogen von Ihnen«, rief Mr. Palmer.

»Mein Schatz, du widersprichst allen«, sagte seine Frau mit dem üblichen Lachen. »Weißt du, dass du recht unhöflich bist?«

»Ich wüsste nicht, dass ich irgend jemandem widerspreche, wenn ich deine Mutter ungezogen nenne.«

»Aber ja, Sie können mich nach Herzenslust beschimpfen«, sagte die gutmütige alte Dame. »Sie haben mir Charlotte abgenommen und können sie nicht wieder zurückgeben. Damit habe ich Sie in der Hand.«

Charlotte lachte herzlich bei dem Gedanken, dass ihr Mann sie nicht wieder loswerden konnte, und sagte aufgeräumt, dass es ihr ganz gleich sei, wie unfreundlich er sie behandle, da sie doch zusammenleben müssten. Es war unmöglich, sich jemanden vorzustellen, der von Natur so durch und durch gutgelaunt oder so entschlossen war, glücklich zu sein, wie Mrs. Palmer. Die vorsätzliche Gleichgültigkeit, Unverschämtheit und Unzufriedenheit ihres Mannes berührte sie gar nicht, und wenn er sie beschimpfte oder beleidigte, amüsierte sie sich köstlich.

»Mr. Palmer ist so drollig«, sagte sie flüsternd zu Elinor. »Er ist immer schlecht gelaunt.« VG 130 f.

*

Kindern derselben Familie, desselben Blutes, mit denselben frühen Erlebnissen und Gewohnheiten ist eine Möglichkeit gegeben, sich gemeinsam zu freuen, wie keine spätere Verbindung im Leben sie herstellen kann; und es gehört schon eine lange und unnatürliche Entfremdung, eine Trennung dazu, die keine spätere Verbindung rechtfertigen kann, um diese kostbaren Reste früherer Zuneigung ganz auszulöschen. Leider aber geschieht es häufig doch. Liebe zwischen Geschwistern, die manchmal alles bedeutet, bedeutet manchmal weniger als nichts.

MP 284

*

Ich habe es noch nie erlebt, dass der Rat einer Schwester einen jungen Mann davon abgehalten hat, sich zu verlieben, wenn er will. *Lady Susan*, DW 87

*

Mr. Palmer bestand auf der bei seinem Geschlecht so verbreiteten, aber eines Vaters unwürdigen Meinung, dass alle Säuglinge gleich aussähen. Und obwohl [die Großmutter] bei verschiedenen Gelegenheiten eindeutig die verblüffendste Ähnlichkeit zwischen diesem Kind und jedem einzelnen seiner Verwandten auf beiden Seiten feststellen konnte, war der Vater nicht davon zu überzeugen, nicht dazu zu überreden, einzusehen, dass es nicht genauso aussah wie jeder andere gleichaltrige Säugling; ja, er konnte nicht einmal dazu gebracht werden, die schlichte Tatsache zuzugeben, dass es sich um den prächtigsten Säugling der Welt handelte. VG 284

*

Die drei Schwestern

Ein Roman

Erster Brief

Miss Stanhope an Mrs. …

Meine liebe Fanny,

ich bin überglücklich, denn Mr. Watts hat mir einen Heiratsantrag gemacht. Es ist der erste, den ich je erhalten habe, und ich weiß mich vor Freude darüber gar nicht zu lassen. Wie werde ich über die Duttons triumphieren! Ich habe zwar nicht vor, ihn anzunehmen, jedenfalls ist mir gar nicht danach. Aber da ich nicht ganz sicher bin, habe ich ihm eine zweideutige Antwort gegeben und ihn dann allein gelassen. Und nun, meine liebe Fanny, bitte ich dich um Rat, ob ich den Antrag annehmen soll oder nicht. Damit du dir aber ein Bild von seinen äußeren Vorzügen und seiner finanziellen Situation machen kannst, will ich dir einen Eindruck davon vermitteln. Er ist schon ein recht alter Mann, ungefähr 32, sehr gewöhnlich, ja, so gewöhnlich, dass ich ihn einfach nicht ansehen kann. Er ist ganz unerträglich, und ich hasse ihn mehr als alles in der Welt. Er hat ein riesiges Vermögen und würde mir einen erheblichen Teil davon hinterlassen; aber andererseits ist er sehr gesund. Kurz und gut, ich weiß nicht, was ich tun soll.

Wenn ich ihn zurückweise – so hat er mir deutlich zu verstehen gegeben –, dann wird er Sophie seine Hand antragen, und wenn sie ihn zurückweist, Georgina, und ich könnte es einfach nicht ertragen, wenn eine von ihnen eher heiratet als ich. Wenn ich ihn nehme, werde ich für den Rest meines Lebens unglücklich sein, das weiß ich genau, denn er ist immer mürrisch und schlechtgelaunt, außerordentlich eifersüchtig und so geizig, dass man einfach nicht mit ihm unter einem Dach leben kann. Er hat mir gesagt, er wolle mit Mama sprechen, aber ich habe darauf bestanden, dass er das nicht tut, denn dann zwingt sie mich womöglich, ihn gegen meinen Willen zu heiraten. Aber wahrscheinlich hat er es trotzdem getan, denn er tut nie, worum man ihn bittet. Ich glaube, ich nehme ihn doch. Es wäre ein solcher Triumph, eher als Sophie, Georgina und die Duttons zu heiraten. Und er hat mir versprochen, zu der Gelegenheit eine neue Kutsche anzuschaffen. Nur sind wir wegen der Farbe in Streit geraten, denn ich bestand darauf, dass sie blau mit silbernen Punkten wird, und er wollte unbedingt eine einfache, schokoladenbraune; und um mich noch mehr zu ärgern, sagte er dann noch, dass die Federung nicht anders sein wird als bei seiner jetzigen. Ich nehme ihn doch lieber nicht. […] wenn er also verspricht, die Kutsche nach meinen Wünschen anfertigen zu lassen, dann nehme ich ihn doch; wenn nicht, kann er allein darin ausfahren – ohne mich. Ich hoffe, du billigst meinen Entschluss; etwas Besseres fällt mir nicht ein. Ich bin deine dich liebende

Mary Stanhope

[…]

Dritter Brief

Georgina Stanhope an Miss XXX

Meine liebe Anne,

Sophie und ich haben unserer älteren Schwester gerade einen Streich gespielt. Wir fühlen uns zwar nicht ganz wohl dabei, aber wenn so etwas durch die Umstände verzeihlich sein kann, dann in diesem Fall. Unser Nachbar, Mr. Watts, hat Mary einen Antrag gemacht – einen Antrag, der ihr Kopfzerbrechen bereitete, denn obwohl sie gerade ihn überhaupt nicht ausstehen kann (und da ist sie keineswegs die einzige), würde sie ihn doch eher heiraten, als es darauf ankommen zu lassen, dass er Sophie oder mir einen Antrag macht, womit er ihr im Falle ihrer Ablehnung gedroht hat, denn du musst wissen, dass das arme Kind es für das größte überhaupt denkbare Unglück hält, wenn eine von uns früher heiratet als sie; und um das zu verhindern, würde sie mit Freuden auch eine ihr nur Elend bereitende Ehe mit Mr. Watts in Kauf nehmen.

Vor einer Stunde kam sie zu uns, um uns auszuhorchen. Sie wollte wissen, wie wir uns zu der Geschichte stellen, damit sie dementsprechend ihre Entscheidung treffen könnte. Kurz bevor sie zu uns kam, hatte unsere Mutter uns davon erzählt und uns darauf hingewiesen, dass sie um jeden Preis in unserer Familie eine Frau für ihn finden möchte. »Und deshalb«, sagte sie, »muss Sophie ihn nehmen, wenn Mary ihn nicht will, und wenn Sophie ihn nicht will, dann Georgina.«

[...] Sobald sie gegangen war, brach ich aber das Schweigen, um Sophie zu versichern, ich erwartete, falls Mary Mr. Stanhope ablehnen sollte, nicht von ihr, dass sie aus lauter Rücksicht auf mich ihr Glück durch eine Heirat mit ihm opferte, wozu sie ihre Gutmütigkeit und schwesterliche Liebe womöglich verleiten könnten.

»Wir wollen darauf bauen«, erwiderte sie, »dass Mary ihn nicht zurückweist. Aber wie kann ich hoffen, dass meine Schwester womöglich einen Mann nimmt, der sie niemals glücklich machen wird?«

»Dazu besteht nicht die geringste Hoffnung, aber sein Vermögen, sein Name, sein Haus, seine Kutsche werden sie glücklich machen, und ich zweifle nicht, dass Mary ihn heiraten wird. Und warum sollte sie auch nicht? Er ist erst 32 – das richtige Alter zum Heiraten für einen Mann. Er ist zwar ziemlich gewöhnlich, aber schließlich, was ist Schönheit bei einem Mann; er muss nur eine elegante Erscheinung sein und intelligent aussehen, das genügt.«

»Das stimmt alles, Georgina, aber Mr. Watts' Erscheinung ist unglücklicherweise ungewöhnlich vulgär, und seine Züge sind ausgesprochen stumpfsinnig.«

»Und was seine schlechte Laune angeht, dafür war er immer bekannt; aber vielleicht hat sich die Welt in ihrem Urteil geirrt. Er hat eben ein ehrliches, offenes Naturell, wie es sich für einen Mann gehört. Man sagt, er ist geizig; wir werden es Besonnenheit nennen. Man sagt, er ist misstrauisch. Aber das entspringt nur seiner Leidenschaftlichkeit, die bei der Jugend immer verzeihlich ist, kurz und gut, ich sehe keinen Grund, warum er deshalb nicht ein ausgezeichneter Ehemann werden und Mary glücklich machen sollte.«

Sophie lachte; ich fuhr fort: »Ob Mary ihn allerdings nehmen wird, darüber bin ich mir noch nicht im klaren. Mein Entschluss ist gefasst. Ich würde Mr. Watts auch dann nicht heiraten, wenn Bettelngehen meine einzige Alternative wäre. Bei all seinen Mängeln! Ein so abschreckendes Aussehen und keine einzige gute Eigenschaft, die es wettmachen könnte. Sein Vermögen ist zwar groß, aber so riesig doch auch wieder nicht! 3000 pro Jahr! Was sind 3000 pro Jahr? Das ist nur sechsmal so viel wie das Einkommen unserer Mutter. Das kann mich nicht locken.«

»Aber für Mary ist das natürlich ein ganz hübsches Vermögen«, sagte Sophie und lachte wieder.

»Für Mary! Ja, ich würde mich freuen, wenn sie es so gut träfe.«

Und so machte ich zum größten Vergnügen meiner Schwester weiter, bis Mary, anscheinend in großer Erregung, ins Zimmer trat. Sie setzte sich. Wir machten vor dem Kamin Platz für sie. Sie wusste offenbar nicht, wie sie beginnen sollte, und sagte schließlich in einiger Verwirrung: »Sag mal, Sophie, liegt dir daran zu heiraten?«

»Zu heiraten! Nein, keineswegs. Aber warum fragst du? Kennst du jemanden, der mir einen Antrag machen will?«

»Ich! Nein, wie sollte ich? Aber darf man nicht eine einfache Frage stellen?«

»So einfach nun auch wieder nicht«, sagte ich. Sie hielt inne, besann sich einen Augenblick und fuhr dann fort: »Würdest du gern Mr. Watts heiraten, Sophie?«

Ich blinzelte Sophie zu und antwortete für sie: »Wer würde nicht überglücklich sein, einen Mann mit 3000 pro Jahr zu heiraten?«

»Stimmt«, erwiderte sie, »stimmt genau. Du würdest ihn also nehmen, wenn er dir einen Antrag machte, Georgina – du auch, Sophie?«

Sophie mochte nicht gerne lügen und ihre Schwester betrügen; sie vermied daher ersteres und ersparte sich durch Zweideutigkeit ein schlechtes Gewissen: »Ich würde genau so handeln wie Georgina.«

»Also schön«, sagte Mary mit triumphierendem Funkeln in den Augen, »ich *habe* einen Antrag von Mr. Watts erhalten.«

Wir waren natürlich völlig überrascht: »Oh, nimm ihn nicht an«, sagte ich, »dann nimmt er vielleicht mich.«

Kurz und gut, Mary fiel auf meinen Trick herein und ist nun entschlossen, ihn zu nehmen, um unser angebliches Glück zu verhindern, das ihr doch in Wirklichkeit völlig gleichgültig war. [...] Sie werden vermutlich eine neue Kutsche anschaffen, die sie selig machen wird; und wenn wir Mr. Watts dazu überreden können, seine leichte, gutgefederte Kalesche instand zu setzen, ist sie überglücklich. [...]

Freitag.

Gestern abend war Mr. Watts bei uns zum Tee eingeladen. Sobald seine Kutsche vorfuhr, ging Mary ans Fenster.

»Kannst du dir so etwas vorstellen, Sophie?« sagte sie, »der alte Trottel will, dass seine neue Kutsche genau dieselbe Farbe hat wie die alte und auch die gleiche Federung. Aber das kommt nicht in Frage. Ich werde mich durchsetzen. Und wenn er sie nicht so gut wie die der Duttons federn und sie blau mit silbernen Punkten streichen lässt, nehme ich ihn nicht, nein, das tue ich nicht! Hier kommt er. Ich weiß, er wird wieder schlechtgelaunt sein und nicht ein einziges freundliches Wort für mich haben und sich auch nicht wie ein Verliebter benehmen.«

Dann setzte sie sich wieder hin, und Mr. Watts trat ein.

»Meine Damen, Ihr ergebenster …« Wir begrüßten ihn, und er setzte sich. »Schönes Wetter, meine Damen.« Dann wandte er sich an Mary. »Also, Miss Stanhope, ich hoffe, Sie haben sich endlich zu einem Entschluss durchgerungen und werden so gütig sein, mir mitzuteilen, ob Sie sich dazu *herablassen* wollen, mich zu heiraten oder nicht.«

»Ich finde, Sir«, sagte Mary, »Sie hätten auf etwas höflichere Art und Weise fragen können. Ich weiß nicht, ob ich Sie nehmen werde, wenn Sie sich so merkwürdig betragen.«

»Mary!« sagte meine Mutter.

»Wieso, Mama, wenn er so unausstehlich ist …«

»Pst, pst, Mary, sei nicht so unfreundlich zu Mr. Watts.«

»Aber ich bitte Sie, Madam, Miss Stanhope soll sich keine Gewalt antun. Sie brauchen Sie nicht dazu anzuhalten, höflich zu sein. Wenn ihr nicht daran liegt, meinen Antrag anzunehmen, kann ich ihn an anderer Stelle wiederholen; ich habe durchaus keine besondere Vorliebe für Mary. Es ist mir gleich, welche der drei Schwestern ich heirate.«

Hat man je einen solchen Lumpen gesehen! Sophie wurde rot vor Ärger, und ich war richtig wütend.

»Also gut«, sagte Mary gereizt, »dann nehme ich Sie, wenn es unbedingt sein muss.«

»Ich dächte doch, Miss Stanhope, wenn einem eine finanzielle Versorgung, wie ich sie vorgeschlagen habe, angeboten wird, dann dürfte das der Neigung, meinen Antrag anzunehmen, keinen Abbruch tun.«

Mary murmelte etwas, und da ich am nächsten bei ihr saß, konnte ich es hören: »Was nützt einem eine große Erbschaft, wenn Männer ewig leben?« Und dann fügte sie vernehmlicher hinzu: »Vergessen Sie nicht das Nadelgeld, 200 pro Jahr.«

»175, Madam.«

»Nein, nein, Sir, 200«, sagte meine Mutter.

»Und vergessen Sie auch nicht, dass ich eine neue Kutsche bekomme, die so gefedert ist wie die der Duttons und blau mit silbernen Punkten; und ich erwarte ein Reitpferd, eine Garnitur von feiner Spitze und eine riesige Anzahl von höchst kostbaren Juwelen. Diamanten und Perlen von unerhörtem Wert. Rubine, Smaragde und zahllose Colliers. Sie werden Ihre Kalesche instand setzen, die cremefarben und rundherum mit einem Kranz von silbernen Blumen bemalt sein muss. Sie werden vier der schönsten Füchse Englands dazu kaufen, und Sie werden mich jeden Tag darin ausfahren. Und das ist noch nicht alles. Sie werden Ihr Haus ganz und gar nach meinem Geschmack neu einrichten, Sie werden zwei zusätzliche Diener einstellen, die ausschließlich mir zur Verfügung stehen, und zwei Kammerzofen zu meiner Bedienung. Sie werden mir ganz und gar meinen Willen lassen und ein guter Ehemann sein.«

Hier hielt sie inne, ich glaube, um Luft zu holen.

»All das kann meine Tochter mit Fug und Recht erwarten, Mr. Watts.«

»Und es ist nur recht und billig, Mrs. Stanhope, dass Ihre Tochter darin enttäuscht wird.«

Er wollte fortfahren, aber Mary hinderte ihn daran: »Sie werden mir ein elegantes Gewächshaus bauen und es mit Pflanzen ausstatten, Sie werden mich jeden Winter in Bath, jedes Frühjahr in London, jeden Sommer auf Reisen und jeden Herbst in einem Kurort verbringen lassen, und den Rest des Jahres, wenn wir zu Hause sind (Sophie und ich lachten), werden Sie immer abwechselnd Tanzfeste und Maskenbälle geben. Sie werden dazu einen Saal anbauen lassen und ein Theater für private Aufführungen. Das erste Stück, das wir aufführen, wird [Hannah Cowleys] *Welches ist der richtige Mann?* sein, und ich selbst spiele die Lady Bell Bloomer.«

»Und darf ich fragen, Miss Stanhope«, sagte Mr. Watts, »worin Ihre Gegenleistung für all diese Dinge besteht?«

»Gegenleistung? Na, Sie können erwarten, mir eine Freude gemacht zu haben.«

»Es wäre wirklich merkwürdig, wenn das nicht der Fall wäre. Sie sind zu anspruchsvoll für mich, und ich muss mich an Miss Sophie wenden, die vielleicht nicht ganz so anspruchsvoll ist.«

»Da irren Sie sich ganz entschieden, Sir«, sagte Sophie, »denn obwohl ich nicht ganz dieselben Wünsche habe wie meine Schwester, bin ich doch durchaus so anspruchsvoll wie sie, denn ich erwarte vor allem, dass mein Mann immer ausgeglichen und gutgelaunt ist, bei all seinen Handlungen mein Glück im Auge hat und mich treu und innig liebt.«

Mr. Watts starrte sie an. »Sie haben wirklich höchst eigenartige Ideen, meine liebe junge Dame. Schlagen Sie sie sich aus dem Kopf, bevor Sie heiraten, sonst müssen Sie es hinterher tun.«

Meine Mutter machte unterdessen Mary Vorhaltungen, die merkte, dass sie zu weit gegangen war; und daher wandte sie sich, als Mr. Watts im Begriff war, mich anzusprechen, offenbar um mir einen Antrag zu machen, in halb unterwürfigem, halb gekränktem Ton an ihn:

»Sie irren sich, Mr. Watts, wenn Sie annehmen, ich meinte es ernst mit all diesen Forderungen. Aber eine neue Kutsche muss ich haben.«

»Ja, Sir, Sie müssen zugeben, dass Mary darauf ein Recht hat.«

»Mrs. Stanhope, ich beabsichtige und habe immer beabsichtigt, zu meiner Hochzeit eine neue Kutsche anzuschaffen. Aber sie wird die Farbe meiner jetzigen haben.«

»Ich finde, Mr. Watts, Sie sollten meinem Kind das Kompliment machen, in solchen Dingen ihren Geschmack zu Rat zu ziehen.«

[...] Es nahm den ganzen Abend in Anspruch, diese Dinge zu regeln; Mr. Watts speiste mit uns und ging erst um 12. Sobald er gegangen war, rief Mary:

»Gott sei Dank! Endlich ist er fort! Wie ich ihn hasse!«

Umsonst hielt Mama ihr vor, wie ungehörig es von ihr sei, ihren zukünftigen Mann so wenig zu lieben, aber sie hörte nicht auf, von ihrer Abneigung gegen ihn zu sprechen und zu hoffen, ihn nie wiederzusehen. Das wird eine schöne Hochzeit werden! Adieu, meine liebe Anne.

Herzlich deine Georgina Stanhope SC 71–79

II

3 oder 4 Familien in einem Dorf auf dem Lande

Wozu leben wir, wenn nicht, um unseren Nachbarn Anlass zum Lachen zu geben und dafür umgekehrt über sie zu lachen? Mr. Bennet, SV 412

*

Mrs. Hall aus Sherbourne kam gestern sechs Wochen vor der Zeit mit einer Totgeburt nieder, verursacht durch einen Schock. Ich vermute, sie hat aus Versehen ihren Mann angeguckt.

L 24, 27. Oktober 1798

*

Mrs. Portman erfreut sich in Dorsetshire keiner sonderlichen Bewunderung; wie üblich hat die wohlgesonnene Welt ihre Schönheit so sehr in den Himmel gehoben, dass die ganze Nachbarschaft nun das Vergnügen hatte, von ihr enttäuscht zu sein.

L 28, 17. November 1798

*

Einziges authentisches Bildnis der Autorin
Aquarell von Cassandra Austen, um 1801

Charles Powlett hat am Donnerstag einen Tanzabend veranstaltet – zum großen Ärger aller seiner Nachbarn natürlich, die, wie du weißt, den Zustand seiner Finanzen mit lebhaftem Interesse verfolgen und die Hoffnung nicht aufgeben, dass er bald ruiniert sein wird. [...] seine Frau übertrifft, wie sich herausstellt, die Erwartungen der Nachbarschaft noch bei weitem: sie ist albern, launisch und obendrein verschwenderisch.

L 36, 1. Dezember 1798 und
L 39, 18. Dezember 1798

*

Diesmal geschah kein Unglück, das den Ball verhinderte. Der Tag kam näher, der Tag war da [...]. Miss Bates und Miss [Jane] Fairfax [...] betraten den Saal [...]. Als sich die Tür öffnete, hörte man [Miss Bates] sagen:

»Zu liebenswürdig von Ihnen! Nein, gar kein Regen, nicht der Rede wert. Mir macht es gar nichts aus. Ganz dicke Schuhe. Und Jane behauptet ... Also«, sie erschien in der Tür, »ich muss schon sagen, nicht wahr! Das nenne ich eine Pracht! Das nenne ich bewundernswert! Großartig arrangiert, ich muss schon sagen. Nichts fehlt, ich ahnte ja nicht ... Und solch herrliche Beleuchtung! Jane, Jane, sieh nur! Hast du schon jemals ...? Oh, Mr. Weston, Sie müssen wirklich Aladins Wunderlampe besitzen. Die gute Mrs. Stokes erkennt ihren eigenen Saal nicht wieder. Ich sah sie, als ich hereinkam; sie stand im Eingang. ›Oh, Mrs. Stokes‹, sagte ich, aber zu mehr war keine Zeit.« Sie wurde nun von Mrs. Weston empfangen. »Ausgezeichnet, ich bedanke mich, Ma'am.

Ich hoffe, Ihnen auch. Das freut mich aber wirklich. Und ich fürchtete schon, Sie hätten womöglich Migräne. Ich sah Sie so oft vorbeigehen, und bei all den Vorbereitungen, die Sie gehabt haben müssen, nicht wahr. Das freut mich aber zu hören. Ah, meine liebe Mrs. Elton, die Kutsche, zu liebenswürdig von Ihnen, auf die Minute, Jane und ich gerade fertig. Die Pferde brauchten kaum zu warten. Und die Kutsche, so bequem. Oh! Und bei Ihnen müssen wir uns auch dafür bedanken, Mrs. Weston. Mrs. Elton hatte freundlicherweise eine Nachricht geschickt, sonst hätten wir gewiss … Und zwei solche Angebote an *einem* Tag! Wo findet man solche Nachbarn? Ich sagte zu meiner Mutter: ›Ich muss schon sagen, Mutter …‹ – Ich bedanke mich, meiner Mutter geht es ausgezeichnet. Sie ist bei Mr. Woodhouse. Sie hat ihr neues Umschlagtuch mitgenommen, auf meinen Rat, denn die Abende sind doch noch kühl, ihr großes neues Umschlagtuch, ein Geschenk von Mrs. Dixon, anlässlich ihrer Hochzeit. Wie reizend von ihr, an meine Mutter zu denken! In Weymouth gekauft, nicht wahr, Mr. Dixons Wahl. Es gab noch drei andere, sagt Jane, sie haben lange geschwankt, Oberst Campbell war mehr für olivgrün. Meine liebe Jane, hast du dir auch keine nassen Füße geholt? Es waren nur ein paar Tropfen, und ich bin immer so ängstlich, aber Mr. Frank Churchill war so außerordentlich … und da war eine Matte zum Drauftreten.

Seine Höflichkeit, unvergesslich. Oh! Mr. Frank Churchill, was ich Ihnen noch erzählen wollte: die Brille meiner Mutter ist wie neu, der Bügel sitzt wie angegossen. Meine Mutter spricht so oft von Ihrer Liebenswürdigkeit, nicht wahr, Jane? Sprechen wir nicht oft von Mr. Frank Churchill? Ah, da ist ja Miss Woodhouse! Meine liebe Miss Woodhouse, wie geht es Ihnen? Ausgezeichnet, ich bedanke mich, sehr gut. Dies ist ein Abend wie im Märchenland. Was für eine Verwandlung! Man soll keine Komplimente machen, nicht wahr« – sie betrachtete Emma sehr wohlgefällig – »das wäre unhöflich, aber ich muss schon sagen, Miss Woodhouse, Sie sehen wirklich … Wie gefällt Ihnen Janes Frisur? *Sie* können es beurteilen. Ganz ihr eigenes Werk, ganz wundervoll, wie sie sich frisiert, nicht wahr? Kein Londoner Friseur … Ah, Dr. Hughes, wie ich sehe … und Mrs. Hughes! Ich muss ein Wort mit Dr. und Mrs. Hughes sprechen. Wie geht's? Wie geht's? Sehr gut, ich bedanke mich. Dies ist großartig, nicht wahr? Wo ist der liebe Mr. Richard? Oh, da ist er ja! Stören Sie ihn nicht, er spricht gerade mit den jungen Damen, so beschäftigt. Wie geht es Ihnen, Mr. Richard? Ich sah Sie neulich, als Sie durch die Stadt ritten. Mrs. Otway, wie ich sehe, und der gute Mr. Otway und Miss Otway und Miss Caroline! So viel gute Freunde! Und Mr. George und Mr. Arthur! Wie geht es Ihnen? Wie geht es Ihnen allen? Ausgezeichnet, zu liebenswürdig von

Ihnen, noch nie so gut. Höre ich nicht die nächste Kutsche? Wer kann es sein? Vermutlich die guten Coles. Ich muss schon sagen, wie reizend, mitten unter so vielen Freunden zu stehen. Und solch ein stattliches Feuer! Mir wird richtig heiß. Kein Kaffee, danke, nicht für mich, ich trinke keinen Kaffee, ein bisschen Tee, wenn ich bitten darf, Sir, etwas später, keine Eile – Oh! Da ist er schon! Alles großartig!«

E 377, 381–383

*

Mrs. Bertie wohnt im Polygon [Gebäude in Bath] und war nicht zu Hause, als wir ihren Besuch erwiderten, und darin bestehen auch schon ihre beiden einzigen Tugenden. L 235, 9. Dezember 1808

*

Weibliche Sparsamkeit kann eine Menge erreichen […], aber sie kann ein kleines Einkommen nicht in ein großes verwandeln. DW 47

*

Es ist eine allgemein anerkannte Wahrheit, dass ein Junggeselle im Besitz eines schönen Vermögens nichts dringender braucht als eine Frau.

Zwar sind die Gefühle oder Ansichten eines solchen Mannes bei seinem Zuzug in eine neue Gegend meist unbekannt, aber diese Wahrheit sitzt in den Köpfen der ansässigen Familien so fest, dass er gleich als das rechtmäßige Eigentum der einen oder anderen ihrer Töchter gilt.

»Mein lieber Mr. Bennet«, sagte seine Gemahlin eines Tages zu ihm, »hast du schon gehört, dass Netherfield Park endlich vermietet ist?«

Das habe er nicht, antwortete Mr. Bennet.

»Doch, doch«, erwiderte sie, »Mrs. Long war nämlich gerade hier und hat es mir lang und breit erzählt.«

Mr. Bennet gab keine Antwort.

»Willst du denn gar nicht wissen, an wen?« rief seine Frau ungeduldig.

»Du willst es mir erzählen; ich habe nichts dagegen, es mir anzuhören.«

Das genügte ihr als Aufforderung.

»Stell dir vor, mein Lieber, Mrs. Long sagt, dass ein junger Mann aus dem Norden Englands mit großem Vermögen Netherfield gemietet hat; dass er am Montag in einem Vierspänner heruntergekommen ist, um sich den Besitz anzusehen, und so entzückt war, dass er mit Mr. Morris sofort einig geworden ist; noch vor Oktober will er angeblich einziehen, und ein Teil seiner Dienerschaft soll schon Ende nächster Woche im Haus sein.«

»Wie heißt er denn?«

»Bingley.«

»Ist er verheiratet oder ledig?«

»Na, ledig natürlich! Ein Junggeselle mit großem Vermögen; vier- oder fünftausend pro Jahr. Ist das nicht schön für unsere Mädchen!«

»Wieso? Was hat das mit ihnen zu tun?«

»Mein lieber Mr. Bennet«, erwiderte seine Frau. »Wie kannst du nur so schwerfällig sein! Du musst dir doch denken können, dass er eine von ihnen heiraten soll.«

»Ist er *deshalb* hierhergezogen?«

»Deshalb! Unsinn, wie kannst du nur so etwas sagen! Aber es könnte doch gut sein, dass er sich in eine von ihnen verliebt, und darum musst du ihm einen Antrittsbesuch machen, sobald er kommt.«

»Dazu sehe ich gar keine Veranlassung. Warum gehst du nicht mit den Mädchen hin, oder besser noch, schick sie allein, sonst wirft Mr. Bingley noch ein Auge auf dich; so hübsch wie sie bist du allemal.«

»Du schmeichelst mir, mein Lieber. Meine Schönheit – das war einmal, aber jetzt halte ich mir darauf nicht mehr viel zugute. Wenn eine Frau fünf erwachsene Töchter hat, sollte sie nicht mehr von ihrer eigenen Schönheit reden.«

»In solchen Fällen ist ihre Schönheit oft auch nicht mehr der Rede wert.«

»Trotzdem, mein Lieber, du musst unbedingt Mr. Bingley besuchen, wenn er eingezogen ist.«

»Das ist mehr, als ich versprechen kann.«

»Aber denk doch an deine Töchter. Was für eine Partie wäre das für eine von ihnen. Sogar Sir William und Lady Lucas wollen bei ihm vorsprechen, und zwar nur deshalb, denn im allgemeinen machen sie neuen Nachbarn ja keine Besuche. Du *musst* einfach hingehen. Wie können *wir* ihn denn besuchen, wenn *du* nicht gehst.«

»Du hast zu viele Bedenken. Ich bin überzeugt, Mr. Bingley freut sich über euren Besuch. Ich gebe dir ein paar Zeilen mit meiner herzlichen Zustimmung mit, diejenige meiner Töchter zu heiraten, die ihm am besten gefällt [...].«

»Keine von ihnen ist besonders empfehlenswert«, antwortete er; »sie sind alle genauso albern und dumm wie andere Mädchen. Nur begreift Lizzy etwas schneller als ihre Schwestern.«

»Mr. Bennet, wie kannst du nur über deine eigenen Kinder so abfällig reden! Es macht dir Spaß, mich zu ärgern. Mit meinen armen Nerven hast du wohl gar kein Mitleid.«

»Du missverstehst mich, meine Liebe. Ich habe großen Respekt vor deinen Nerven. Sie und ich sind alte Freunde. Seit mindestens zwanzig Jahren höre ich dich von ihnen mit großer Besorgnis sprechen.«

»Oh, du ahnst ja nicht, was ich durchmache!«

»Ich hoffe, du wirst es überleben und noch viele junge Männer mit viertausend pro Jahr hierher ziehen sehen.«

»Da du sie nicht besuchen willst, werden uns auch zwanzig nicht retten.«

»Sei überzeugt, meine Liebe, wenn zwanzig da sind, besuche ich sie einen nach dem anderen.«

SV 5–7

*

Sie mussten bald feststellen, dass es nur halb so viel Vergnügen macht, andere zu umschmeicheln und nachzuahmen, wenn man nicht umgekehrt auch umschmeichelt und nachgeahmt wird. Ü 306

*

»Meine liebe Catherine« sagte [Mrs. Allen], »nehmen Sie diese Nadel aus meinem Ärmel; ich fürchte fast, ich habe mir schon ein Loch hineingerissen. Das täte mir unendlich leid, denn dies ist eins meiner Lieblingskleider, obwohl der Stoff nur neun Shilling pro Meter gekostet hat.«

»Genau das hätte ich geschätzt, Madam«, sagte Mr. Tilney mit einem Blick auf den Musselin.

»Verstehen Sie etwas von Stoffen, Sir?«

»Sehr viel sogar; ich kaufe immer meine Krawatten selbst und gelte als Kenner; und meine Schwester überlässt mir häufig die Auswahl beim Kleiderkauf. Gerade neulich habe ich ihr eins gekauft, und alle Damen, die es sahen, hielten es für einen unglaublich günstigen Kauf. Ich habe nur fünf Shilling pro Meter bezahlt, und dabei ist es echt indischer Musselin.«

Mrs. Allen war geradezu überwältigt von so viel Genie. »Im allgemeinen achten Männer so wenig auf diese Dinge«, sagte sie, »ich kann Mr. Allen nicht einmal dazu bringen, meine Kleider voneinander zu unterscheiden. Sie müssen Ihrer Schwester eine große Stütze sein, Sir.«

»Das hoffe ich, Madam.«

»Und sagen Sie, Sir, was halten Sie von Miss Morlands Kleid?«

»Es ist sehr hübsch, Madam«, sagte er und betrachtete es kritisch, »aber ich kann mir nicht vorstellen, dass es sich gut wäscht; ich fürchte, es franst aus.«

»Was sind Sie nur für ein ...«, sagte Catherine [Morland] lächelnd. Sie hätte fast gesagt: komischer Kerl.

»Ich bin ganz Ihrer Meinung, Sir«, sagte Mrs. Allen, »und das habe ich Miss Morland schon gesagt, als sie es kaufte.«

»Aber schließlich, Madam, lässt sich Musselin wieder verwenden. Miss Morland kann sich immer noch ein Taschentuch oder eine Haube oder einen

Umhang daraus machen. Musselin ist nie verschwendet. Das habe ich meine Schwester schon x-mal sagen hören, wenn sie so leichtsinnig war, mehr zu kaufen, als sie brauchte, oder so nachlässig, ihn zu verschneiden.« KN 22–24

*

Körperlicher Umfang und seelischer Schmerz stehen natürlich nicht unbedingt in einem bestimmten Verhältnis zueinander. Eine umfangreiche, üppige Figur hat das gleiche Recht auf tiefen Seelenschmerz wie das graziöseste Ensemble von Gliedern. Aber ob recht und billig oder nicht, es gibt unvorteilhafte Kombinationen, für die sich der Verstand vergeblich einsetzt – die der Geschmack nicht dulden kann – die der Lächerlichkeit zum Opfer fallen. Ü 83

*

Der großzügige Hilfspfarrer

Eine moralische Erzählung, die beschreibt, wie vorteilhaft es ist, großzügig und Pfarrer zu sein

In einem wenig bekannten Teil der Grafschaft Warwick lebte vor nicht allzu langer Zeit ein höchst ehrenwerter Geistlicher. Das Einkommen von seiner

Pfarre, das sich auf ungefähr zweihundert Pfund belief, und die Zinsen vom Vermögen seiner Frau, das nicht der Rede wert war, reichten völlig für Begehr und Bedürfnis der Familie, die weder begehrte noch bedurfte, was ihr Einkommen auch nur im geringsten überstieg. Mr. Williams hatte seine Pfarre schon über zwanzig Jahre inne, als die vorliegende Geschichte begann, und seine Heirat, die kurz nach seiner Amtseinführung stattfand, hatte ihn zum Vater von sechs ausgezeichneten Kindern gemacht. Der Älteste kam im Alter von ungefähr dreizehn Jahren auf die königliche Marineakademie in Portsmouth und trat dann auf einem der Schiffe einer kleinen Flotte, die nach Neufundland segelte, seinen Dienst an, wo er dank seines vielversprechenden und liebenswerten Charakters Freundschaft mit vielen Eingeborenen schloss und von wo er seiner Familie jeden Monat einen riesigen Neufundländerhund schickte.

Das zweite Kind, ebenfalls ein Sohn, war von einem benachbarten Pfarrer in der Absicht adoptiert worden, ihn auf eigene Kosten erziehen zu lassen, was auch durchaus wünschenswert gewesen wäre, wenn das Einkommen dieses Kollegen, der sich und seine kinderreiche Familie von einer Hilfspastorenstelle von fünfzig Pfund pro Jahr ernähren musste, seiner Großzügigkeit entsprochen hätte. So aber wusste William im Alter von achtzehn Jahren nicht mehr, als was ihm die ärmliche Dorfschule auch hätte beibringen können. Aber obwohl sein Genius sich nicht entfalten konnte, war sein Charakter höchst liebenswert, und er gab sich keinem Laster hin oder machte sich je eines Fehlers schuldig, den sein Alter und seine Umstände nicht zu jeder Zeit entschuldigt hätten. Tatsächlich war er manchmal dabei ertappt worden, wie er eine Ente mit Steinen bewarf oder seinem Wohltäter Ziegelsteine ins Bett legte, aber diese unschuldigen Geistesblitze wurden von dem guten Pfarrer eher als die Äußerungen einer lebhaften Einbildungskraft denn als schlechte Charakterzüge betrachtet, und wenn ihm eine Strafe für das Vergehen auferlegt wurde, dann bestand sie lediglich darin, dass der Übeltäter die Steine aufheben oder die Ziegelsteine zurücktragen musste.

SC 86 f. (ungekürzt)

*

Als sie sich schließlich nach einigen Blicken auf Meer und Hotel in einzelnen Gruppen niedergelassen hatten, fand sich Charlotte neben Arthur platziert, der so hingebungsvoll beim Feuer saß, dass sie sein höfliches Angebot, ihr seinen Stuhl abzutreten, für ein Kompliment halten musste. Ihre Ablehnung war unzweideutig, und so setzte er sich mit großer Zufriedenheit wieder hin. Sie rückte ihren Stuhl zurück, um seine Person als Kaminschirm benutzen zu können, und war für jeden Zentimeter Rücken und Schulter dankbar, der über den erwarteten Schutz hinausging. Arthurs Blick war so schwerfällig wie seine Gestalt, aber er war keineswegs abgeneigt, sich zu unterhalten; und während die anderen vier hauptsächlich miteinander beschäftigt waren, hielt er es offensichtlich keineswegs für eine Strafe, eine elegante junge Dame neben sich zu haben, die nach den Regeln der Höflichkeit einige Aufmerksamkeit erwarten durfte – wie sein Bruder, der entschieden nach einer Motivation für größere Aktivität, nach einem wirksamen Mittel zur Anregung für ihn suchte, mit erheblichem Vergnügen bemerkte. So stark war der Einfluss von Jugend und Liebreiz auf ihn, dass er sogar eine Art Entschuldigung dafür zu suchen begann, dass ein Feuer brannte.

»Wir würden zu Hause keins haben«, sagte er, »aber die Seeluft ist immer so feucht. Ich fürchte nichts so sehr wie Feuchtigkeit.«

»Ich habe das Glück«, sagte Charlotte, »nicht einmal zu merken, ob die Luft trocken oder feucht ist. Irgendetwas daran ist immer gesund und kräftigend für mich.«

»*Ich* habe frische Luft so gerne wie alle Leute«, erwiderte Arthur. »Ich stehe gern am offenen Fenster, wenn es ganz windstill ist. Aber leider hat feuchte Luft *mich* nicht gern. Ich bekomme Rheumatismus davon. Sie haben kein Rheuma, nehme ich an?«

»Nein, gar nicht.«

»Das ist eine wahre Wohltat. Aber vielleicht sind Sie nervös?«

»Nein, ich glaube nicht. Jedenfalls wüsste ich nichts davon.«

»Ich bin ausgesprochen nervös. Um die Wahrheit zu gestehen, meine Nervenzustände sind meiner Meinung nach die schlimmste meiner vielen Krankheiten. Meine Schwestern halten mich für gallenkrank, aber das bezweifle ich.«

»Sie haben völlig recht, so lange wie möglich daran zu zweifeln.«

»Wenn ich gallenkrank wäre«, fuhr er fort, »könnte ich Wein nicht vertragen, aber er tut mir immer ausgesprochen wohl. Je mehr Wein ich trinke (in Maßen natürlich), desto besser geht es mir. Abends geht es mir immer am besten. Wenn Sie mich heute *vor* dem Dinner gesehen hätten, hätten Sie mich für ein armseliges Geschöpf gehalten.«

Charlotte war davon überzeugt, verzog aber keine Miene und sagte: »Wenn ich richtig verstehe, was nervöse Zustände sind, würde ich Ihnen als wirksames Gegenmittel frische Luft und Bewegung empfehlen, und zwar etwas mehr, als Sie im allgemeinen zu bekommen scheinen.«

»Oh, ich bin selbst durchaus für Bewegung«, erwiderte er, »und ich habe die Absicht, während meines Aufenthalts hier viel spazierenzugehen – vorausgesetzt, das Wetter ist milde genug. Ich werde jeden Morgen schon vor dem Frühstück draußen sein und ein paar Runden auf der Terrasse gehen, und Sie werden mich oft in Trafalgar House sehen.«

»Aber Sie wollen doch wohl einen Spaziergang nach Trafalgar House nicht als Bewegung bezeichnen?«

»Nicht in Bezug auf die Entfernung, aber die Anhöhe ist so steil! Wenn ich den Hügel mitten am Tag hinaufginge, würde ich einen Schweißausbruch bekommen. Sie würden mich in Schweiß gebadet sehen, wenn ich angekommen bin. Ich leide sehr unter Schweißausbrüchen, und es gibt kein sichereres Zeichen für Nervosität.«

Ihr Gespräch hatte sich nun so sehr in körperliche Vorgänge verirrt, dass Charlotte den Eintritt des Dieners mit dem Teegeschirr als willkommene Ablenkung betrachtete. Augenblicklich ging eine auffällige Veränderung in Arthur vor. Charlotte hatte ihre Anziehungskraft auf den jungen Mann völlig verloren. Er nahm seinen Kakao vom Tablett, auf dem so viele Kannen standen, wie sich Personen im Zimmer befanden, da Miss Parker *eine* Sorte Kräutertee und Diana eine andere trank. Er wandte sich nun ganz dem Feuer zu, brühte und braute sein Getränk in aller Gemütlichkeit, bis es gerade richtig war, und röstete sich ein paar Scheiben Toast, die schon vorbereitet im Toaster hereingetragen wurden. [...] Sie hatte schon Tee bekommen, und das überraschte ihn – so völlig versunken war er in seine Tätigkeit gewesen.

»Ich dachte, ich würde noch rechtzeitig fertig werden«, sagte er, »aber Kakao muss lange aufkochen.«

»Ich danke Ihnen herzlich«, antwortete Charlotte, »aber ich ziehe Tee vor.«

»Dann schenke ich nur mir selbst ein«, sagte er. »Eine große Tasse ziemlich schwacher Kakao am Abend bekommt mir besser als alles andere.«

Als er sich diesen ziemlich schwachen Kakao allerdings eingoss, fiel ihr auf, dass er in einem dicken, schwarzen Strahl aus der Kanne schoss; und da seine Schwestern in diesem Augenblick wie aus einem Mund riefen: »Also, Arthur, dein Kakao wird auch jeden Abend stärker!«, und Arthur einigermaßen beschämt antwortete: »Er ist heute wohl wirklich etwas stärker, als er sein sollte«, kam es ihr höchst unwahrscheinlich vor, dass Arthur so viel Vergnügen dabei empfand, auf Hungerrationen gesetzt zu werden, wie es ihnen wünschenswert und ihm selbst ratsam erschien. Jedenfalls lag ihm daran, das Gespräch auf den Toast zu lenken und nichts mehr von seinen Schwestern zu hören.

»Ich hoffe, Sie essen eine Scheibe von diesem Toast«, sagte er, »ich finde, dass ich Toast gut machen kann; mir verbrennt er nie. Ich stelle ihn zu Anfang nie zu nah ans Feuer, und trotzdem hat er, wie Sie sehen, nicht eine Ecke, die nicht gleichmäßig gebräunt ist. Ich hoffe, Sie mögen gut gebräunten Toast.«

»Mit etwas Butter darauf, ja«, sagte Charlotte, »sonst nicht.«

»So geht es mir auch«, sagte er hocherfreut. »Da stimmen wir überein. Er ist sonst nicht nur ungesund, er ist dann geradezu schädlich für den Magen. Ohne ein bisschen Butter darauf, um ihn geschmeidiger zu machen, ist er gar nicht gut für die Magenwände. Bestimmt! Ich mache mir das Vergnügen, Ihnen eine Scheibe zu bestreichen, und dann schmiere ich mir auch eine. Richtig schädlich für die Magenwände! Aber manche Leute wollen sich einfach nicht überzeugen lassen. Er reizt und wirkt wie eine Reibe.«

Er konnte die Butter allerdings nicht ohne eine Auseinandersetzung erobern. Seine Schwestern warfen ihm vor, zu viel davon zu essen, und behaupteten, man könne ihm nicht trauen. Aber er hielt dagegen, dass er gerade nur genug davon esse, um seine Magenwände zu schützen; und außerdem wolle er sie in diesem Augenblick nur für Miss Heywood haben. Diese Klarstellung tat erwartungsgemäß ihre Wirkung, er bekam die Butter und bestrich ihren Toast mit einer Präzision, die jedenfalls ihm selbst

Freude machte; aber als ihr Toast fertig war und er seine eigene Scheibe in die Hand nahm, konnte Charlotte sich kaum beherrschen, als sie sah, wie er mit einem Blick auf seine Schwestern peinlich genau fast so viel Butter wieder wegnahm, wie er aufgestrichen hatte, aber dann einen günstigen Augenblick abpasste, um einen großen Klacks wieder draufzulegen, bevor der Happen im Mund verschwand. Mr. Arthur Parkers Vergnügen am Kranksein war von dem seiner Schwestern zweifellos verschieden – keineswegs so vergeistigt. Ein Gutteil Erdenschwere hing an ihm. Charlotte drängte sich der Verdacht auf, dass er sich dieses Leben ausgesucht hatte, um seinem trägen Naturell zu frönen und nur Krankheiten anerkennen zu müssen, die warme Zimmer und gute Ernährung erforderten. In einer Hinsicht aber, so fand sie bald heraus, hatten seine Schwestern ihn angesteckt.

»Was«, sagte er, »Sie wagen es, zwei Tassen so starken grünen Tee an *einem* Abend zu trinken! Nerven müssen Sie haben! Wie ich Sie beneide! Also, wenn ich auch nur eine Tasse davon tränke – was glauben Sie, was das für eine Wirkung auf mich hätte?«

»Vielleicht, Sie die ganze Nacht wachzuhalten?« erwiderte Charlotte und hoffte, seine Versuche, sie in Erstaunen zu versetzen, durch die Kühnheit ihrer eigenen Theorie zu übertrumpfen.

»Ach, wenn es nur das wäre!« rief er, »nein, es wirkt auf mich wie Gift, und schon fünf Minuten danach wäre mir der Gebrauch meiner rechten Seite vollständig geraubt. Es klingt unglaubwürdig, aber es ist mir schon so oft passiert, dass ich nicht daran zweifeln kann. Der Gebrauch meiner rechten Seite ist mir stundenlang völlig geraubt.«

»Es klingt wirklich etwas eigenartig«, antwortete Charlotte kühl, »würde sich aber vermutlich als die natürlichste Sache der Welt herausstellen, wenn es von Leuten wissenschaftlich untersucht würde, die etwas von rechten Seiten und grünem Tee verstehen und ihre möglichen geheimnisvollen Wechselwirkungen enträtseln können.« DW 219–224

*

Mr. Waller ist, wie ich höre, tot, aber ich kann darüber nicht trauern – und seine Witwe wohl auch nicht. L 196, 20. Juni 1808

*

Mr. Fitzhugh [...] ist ganz Gentleman. Der arme Mann – er ist so stocktaub, dass er angeblich eine Kanone nicht hören kann, auch wenn man sie direkt neben ihm abfeuert. Da ich keine Kanone zur Hand hatte, um das Experiment auszuführen, habe ich einfach meine Finger sprechen lassen, was auch ganz witzig war. L 242, 27. Dezember 1808

*

Fanny […] gefällt weder ihr neues Kleid noch ihre neue Haube. Aber in ihrem Alter gehört das dazu – einer der liebenswerten Preise, die man fürs Jungsein zahlt: zu schnell zu entscheiden und schlechte Geschäfte zu machen. L 330, 23. September 1813

*

Wir sahen gestern Vormittag eine Anzahl von Kutschen voller Schuljungen vorbeifahren – lauter zukünftige Helden, Gesetzgeber, Einfaltspinsel und Schurken. L 458, 9. Juli 1816

III

Die Ehe ist ein Lebenselixier

Mr. Harleys Abenteuer

Mr. Harley war eins von vielen Kindern. Da er nach dem Willen seines Vaters Geistlicher und nach dem Willen seiner Mutter Seemann werden sollte, bat er Sir John in dem Wunsch, es beiden recht zu machen, ihm die Stelle des Seelsorgers auf einem Kriegsschiff zu vermitteln. Also ließ er sich die Haare schneiden und segelte davon.

Ein halbes Jahr später kehrte er zurück und machte sich in der Postkutsche auf den Weg nach Hogsworth Green, dem Wohnsitz von Emma. Seine Mitreisenden waren ein Mann ohne Hut, ein anderer mit zweien, eine alte Jungfer und eine jung verheiratete Frau.

Diese war etwa siebzehn Jahre alt, hatte hübsche dunkle Augen und eine elegante Figur. Kurz und gut, Mr. Harley merkte bald, dass sie seine Emma war, und da fiel ihm auch wieder ein, dass er sie ein paar Wochen vor seiner Abreise aus England geheiratet hatte.

SC 48 (ungekürzt)

*

»Wer wohl zuerst entdeckt hat, dass sich die Liebe mit der Poesie gründlich austreiben lässt?«

»Ich dachte immer, sie sei Nahrung für die Liebe, [...].«

»Vielleicht bei einer schönen, starken, gesunden Liebe. Das Starke zieht aus allem Nahrung. Aber wenn es nur eine leichte, dürftige Zuneigung ist, dann genügt ein einziges ordentliches Sonett, um sie in den Hungertod zu treiben.«

Elizabeth Bennet und Mr. Darcy, SV 52

*

»Geblendet vom falschen Glanz seines Reichtums und vom eitlen Pomp seines Titels, [sagte Lindsay] bestand mein Vater darauf, dass ich meine Hand Lady Dorothea reiche. ›Nein, niemals‹, rief ich, ›Lady Dorothea ist reizend und bezaubernd; sie ist mir lieber als jede andere Frau. Aber nehmen Sie zur Kenntnis, Sir, dass ich es verachte, entsprechend Ihren Wünschen zu heiraten. Nein, niemals soll man von mir sagen, dass ich mich dem Wunsch meines Vaters gebeugt habe.‹«

Wir bewunderten alle die edle Männlichkeit seiner Antwort. Er fuhr fort. »Sir Edward war erstaunt. So hochgesinnten Widerstand gegen seinen Willen hatte er anscheinend nicht erwartet. ›Wo, in drei Teufels Namen, Edward, hast du bloß dieses sinnlose Gefasel aufgeschnappt? Du hast wohl zu viel Romane gelesen, wie?‹ Ich ließ mich nicht zu einer Antwort herab; es wäre unter meiner Würde gewesen. Ich bestieg mein Pferd und machte mich, gefolgt von meinem treuen William, auf den Weg zu meiner Tante.« *Liebe und Freundschaft*, SC 95

*

Es ist nicht leicht für eine Frau, den Schmeicheleien eines Mannes zu widerstehen, wenn er es darauf anlegt, ihr zu gefallen. DW 43

*

Ich bin äußerst gespannt auf [unseren Tanzabend] morgen, da ich im Laufe des Abends eigentlich einen Heiratsantrag von meinem Freund [Tom Lefroy] erwarte. Ich werde ihn aber ablehnen, es sei denn, er trennt sich von seiner weißen Jacke.

L 5, 14. Januar 1796

*

Amelia Webster

Eine interessante und gekonnt geschriebene Erzählung

Erster Brief

An Miss Webster

Meine liebe Amelia,

Du wirst dich freuen zu hören, dass mein liebenswerter Bruder aus dem Ausland zurückgekehrt ist. Er kam am Donnerstag an, und nie habe ich eine elegantere Erscheinung gesehen – außer der deiner dich liebenden Freundin

Mathilda Hervey

Zweiter Brief

An H. Beverley, wohlgeboren

Lieber Beverley,

ich bin am letzten Donnerstag hier angekommen und von Vater, Mutter und Schwestern herzlich empfangen worden. Die letzteren sind beide reizende junge Damen – vor allem Maud, die die ideale Frau für dich wäre. Was meinst du dazu? Ihre Mitgift beträgt zweitausend Pfund und einiges mehr, wenn du es geschickt anstellst. Wenn du sie nicht heiratest, hast du tödlich beleidigt deinen Freund

George Hervey

Dritter Brief

An Miss Hervey

Liebe Maud,

glaub mir, die Ankunft deines Bruders hat mich sehr gefreut. Ich muss dir tausend Dinge erzählen, aber dieses Blatt Papier erlaubt mir nur hinzuzufügen, ich bin deine dich liebende Freundin

Amelia Webster

Vierter Brief

An Miss S. Hervey

Liebe Sally,

ich habe eine günstig gelegene, hohle alte Eiche als neues Versteck für unseren nun schon lange anhaltenden Briefwechsel gefunden. Der Baum ist eine Meile von meinem Haus und sieben von deinem entfernt. Vielleicht findest du, ich hätte einen aussuchen sollen, der von unseren Häusern gleich weit entfernt ist – ich war mir dessen durchaus bewusst, aber da ich dachte, der längere Spaziergang würde dir bei deiner schwächlichen und angegriffenen Gesundheit guttun, habe ich diesen Baum einem in deiner Nähe vorgezogen und bin dein treuer

Benjamin Bar

Fünfter Brief
An Miss Hervey

Liebe Maud,

ich schreibe nur, um dir mitzuteilen, dass ich am letzten Montag auf meinem Weg nach Bath nicht bei euch vorbeigeschaut habe. Ich muss dir auch sonst noch allerlei berichten, aber das Blatt Papier zwingt mich zu schließen. Ich bin immer deine usw.

Amelia Webster

Sechster Brief
An Miss Webster

Madam,

ein ihnen ergebener Bewunderer wendet sich nun an Sie. Ich sah Ihre reizvolle Erscheinung am letzten Montag, als Sie auf dem Weg nach Bath an unserem Haus vorüberkamen – sah Sie durch ein Fernrohr und war von Ihrem Liebreiz so gefesselt, dass ich von dem Augenblick an keine Nahrung mehr zu mir genommen habe.

George Hervey

Siebter Brief

An Jack

Als mir heute morgen beim Frühstück die Zeitung gebracht wurde und ich unter »Hochzeiten« nachsah, las ich die folgenden Anzeigen.

George Hervey, wohlgeboren, und Miss Amelia Webster;
Henry Beverley, wohlgeboren, und Miss Maud Hervey
und
Benjamin Bar, wohlgeboren, und Miss Sarah Hervey.

Dein Tom

SC 57–59 (ungekürzt)

*

Natürlich gibt es auf der Welt nicht so viele Männer mit ansehnlichem Vermögen, wie es hübsche Frauen gibt, die sie verdienen. MP 5

*

Alleinstehende Frauen haben eine schreckliche Neigung, arm zu sein – was ein überzeugendes Argument fürs Heiraten ist. JA 131, an Fanny Knight, 13. März 1817

*

Mrs. Allen war eine der zahlreichen Frauen, in deren Gesellschaft man nichts anderes empfindet als Erstaunen darüber, dass es auf dieser Welt sage und schreibe Männer gibt, die genug Sympathie für sie aufbringen, sie zu heiraten. KN 13

*

Sir William Mountague
Eine unvollendete Erzählung

Sir William Mountague war der Sohn von Sir Henry Mountague, dem Sohn von Sir John Mountague, einem Nachkommen von Sir Christopher Mountague, dem Neffen von Sir Edward Mountague, dessen Vorfahr Sir James Mountague ein naher Verwandter von Sir Robert Mountague war, der Titel und Besitz von Sir Frederic Mountague geerbt hatte.

Sir William war ungefähr siebzehn, als sein Vater starb und ihm ein hübsches Vermögen, ein altes Herrenhaus und einen üppig mit Wild bestückten Park hinterließ. Sir William hatte sein Erbe gerade angetreten, als er sich in die drei Miss Cliftons von Kilhoobery Park verliebte. Diese jungen Damen waren alle gleich jung, gleich anziehend, gleich reich und gleich liebenswert – und Sir William war in alle drei gleich verliebt. Da er nicht wusste, welcher er den Vorzug geben sollte, verließ er die Gegend und ließ sich in einem kleinen Dorf in der Nähe von Dover nieder.

In dieser Abgeschiedenheit, die er in der Hoffnung gesucht hatte, Zuflucht vor seinen Liebesqualen zu finden, verliebte er sich in eine angesehene junge Witwe, die nach dem Tod ihres Mannes, den sie stets zärtlich geliebt hatte und nun zutiefst betrauerte, auf der Suche nach Abwechslung in dasselbe Dorf gekommen war.

Lady Percival war jung, gebildet und reizend. Sir William betete sie an, und sie willigte ein, seine Frau zu werden. Inständig von Sir William bedrängt, den Tag zu bestimmen, an dem er sie zum Altar führen dürfe, nannte sie ihm schließlich den folgenden Montag, der auf den ersten September fiel. Sir William war Jäger und konnte den Gedanken nicht ertragen, selbst aus einem solchen Anlass auf diesen wichtigen Tag verzichten zu müssen. Er bat sie deshalb, die Hochzeit um ein paar Tage zu verschieben. Lady Percival war empört und kehrte am nächsten Vormittag nach London zurück.

Sir William tat es leid, sie zu verlieren, doch da er wusste, dass der Verlust des ersten September ihm sehr viel schmerzlicher gewesen wäre, mischte sich eine gewisse Erleichterung unter seine Trauer, und seine Freude überwog seinen Kummer bei weitem.

Nach ein paar weiteren Wochen in dem Dorf brach er auf und begab sich zum Haus eines Freundes in Surry. Mr. Brudenall war ein vernünftiger Mann und hatte eine hübsche Nichte, in die Sir William sich sogleich verliebte. Aber Miss Arundel war grausam. Sie zog einen Mr. Stanhope vor: Sir William erschoss Mr. Stanhope; die Dame hatte nun keinen Grund mehr, ihn zurückzuweisen; sie nahm seinen Antrag an, und die Hochzeit wurde auf den 27. Oktober festgelegt.

Aber am 25. erhielt Sir William einen Besuch von Emma Stanhope, der Schwester des unglücklichen Opfers seines Zorns. Sie drang auf Entschädigung, auf Buße für den grausamen Mord an ihrem Bruder. Sir William bat sie, ihren Preis zu nennen. Sie forderte 14 Schillinge. Sir William bot ihr seine Hand und sein Vermögen. Sie reisten am nächsten Tag nach London und wurden dort in aller Stille getraut. 14 Tag lang war Sir William vollkommen glücklich, doch als er eines Tages eine charmante junge Dame eine Kutsche in Brook Street besteigen sah, verliebte er sich erneut aufs Heftigste. Er erkundigte sich nach dem Namen der schönen Unbekannten und erfuhr, dass sie eine Schwester seiner alten Freundin Lady Percival sei, was ihn höchlich erfreute, da er dank seiner Bekanntschaft mit dieser Dame leicht Zugang zu Miss Wentworth zu haben hoffte …

SC 49 f. (ungekürzt)

*

[…] ich wünsche Jane von ganzem Herzen Erfolg, und wenn sie ihn morgen heiratete, wären meiner Meinung nach ihre Chancen, glücklich zu werden, genauso groß, wie wenn sie seinen Charakter ein Jahr lang unter die Lupe nähme. Glück in der Ehe ist ganz und gar Zufall. Selbst wenn sich die Parteien vorher noch so gut kennen oder sich noch so ähnlich sind, zu ihrem Glück trägt das nicht im geringsten bei. Sie werden sich auf jeden Fall unähnlich genug, um sich gegenseitig auf die Nerven zu gehen; und dann finde ich es besser, die Fehler des Mannes, mit dem man sein Leben verbringt, so wenig wie möglich zu kennen. Charlotte Lucas, SV 27

*

Der nächste Tag eröffnete in Longbourn neue Perspektiven. Mr. Collins machte seinen offiziellen Heiratsantrag. Entschlossen, keine Zeit zu verlieren, da er am kommenden Sonnabend zurückerwartet wurde, und von Gefühlen der Schüchternheit nicht geplagt, die die Situation für ihn hätten peinlich werden lassen, ging er auf höchst ordentliche Weise vor und nahm Rücksicht auf all die Konventionen, von denen er annahm, sie gehörten zum Geschäft. Als er nach dem Frühstück Mrs. Bennet, Elizabeth und eine ihrer jüngeren Schwestern zusammen sitzen sah, sprach er die Mutter mit folgenden Worten an:

»Darf ich mit Ihrer Unterstützung rechnen, Madam, wenn ich um die Ehre bitte, mit Ihrer hübschen Tochter im Laufe des Vormittags allein zu sprechen?«

Aber noch ehe Elizabeth etwas anderes tun konnte, als vor Überraschung zu erröten, hatte ihre Mutter schon gesagt:

»Oh, mein Lieber, ja, natürlich. Lizzy wird sich bestimmt freuen. Sie wird bestimmt nichts dagegen haben. Komm, Kitty, du musst mir oben helfen.« Und ihre Handarbeit zusammenraffend, wollte sie hinauseilen, als Elizabeth rief:

»Liebe Mutter, geh bitte nicht. Bitte, geh nicht. Mr. Collins muss mich entschuldigen. Er kann mit mir keine Geheimnisse haben, die nicht alle hören können. Ich wollte selbst gerade gehen.«

»Nein, nein, Unsinn, Lizzy. Ich bitte dich, bleib.« Und da Elizabeth mit ärgerlichen und verlegenen Blicken Anstalten traf, sich aus dem Staub zu machen, fügte sie hinzu:

»Lizzy, ich *bestehe* darauf. Du bleibst und hörst Mr. Collins an.«

Diesem ausdrücklichen Befehl musste sie sich fügen – und da sie nach kurzer Überlegung zu dem Ergebnis kam, es sei am besten, alles so schnell und ruhig wie möglich hinter sich zu bringen, setzte sie sich wieder und versuchte, durch ständige Beschäftigung ihre zwischen Ablenkungsmanövern und Verzweiflung hin- und hergerissenen Gefühle zu verbergen.

Mrs. Bennet und Kitty verließen sie, und kaum wa-
ren sie aus der Tür, da begann Mr. Collins:

»Seien Sie versichert, meine liebe Miss Elizabeth,
dass Ihre Bescheidenheit Ihr Bild nicht etwa verdun-
kelt, sondern Ihre Vollkommenheit erhöht. Wenn
Sie dieses Zögern nicht gezeigt hätten, wären Sie mir
weniger lieb. Aber erlauben Sie mir zu versichern,
dass ich für dieses Gespräch die Erlaubnis Ihrer ver-
ehrten Frau Mutter habe. Die Absicht meiner Unter-
haltung mit Ihnen kann Ihnen kaum zweifelhaft sein,
obgleich Ihr weibliches Feingefühl Sie dazu zwingt,
sich zu verstellen. Aber meine Gesten der Aufmerk-
samkeit sind zu auffällig gewesen, als dass sie miss-
verstanden werden können. Schon kurz nach meiner
Ankunft in diesem Haus habe ich Sie als Gefährtin
meines zukünftigen Lebens erkoren. Aber bevor ich
bei diesem Thema von meinen Gefühlen überwältigt
werde, ist es vielleicht angebracht, die Gründe zu er-
läutern, warum ich zu heiraten beabsichtige, und dar-
über hinaus zu erklären, warum ich mit der Absicht,
eine Frau zu suchen, gerade nach Hertfordshire ge-
kommen bin.«

Bei dem Gedanken, Mr. Collins könne bei all sei-
nem feierlichen Gehabe von seinen Gefühlen über-
wältigt werden, musste sie sich so das Lachen ver-
kneifen, dass sie die eintretende kurze Pause nicht
nutzen konnte, um ihn am Weitersprechen zu hin-
dern, und er fuhr fort:

»Meine Gründe zu heiraten sind folgende: Erstens halte ich es für angebracht, dass ein Geistlicher mit bequemem Auskommen – wie ich – in seiner Gemeinde ein gutes Beispiel der christlichen Ehe gibt; zweitens bin ich davon überzeugt, dass es mein Glück in großem Maße erhöhen wird; und drittens – und vielleicht hätte ich das schon früher erwähnen sollen – hat es die sehr gnädige Frau Baronin, die meine Gönnerin zu nennen ich die Ehre habe, mir ausdrücklich empfohlen und ans Herz gelegt. [...] Dies sind meine Motive, meine liebe Cousine, und ich schmeichle mir, dass ich dadurch in Ihrer Achtung nicht sinke. Es bleibt mir nun nur noch, Sie in bewegten Worten meiner tiefempfundenen Liebe zu versichern. Geld bedeutet mir nichts, und diesbezüglich werde ich an Ihren Vater keine Ansprüche stellen, da ich wohl weiß, er könnte ihnen nicht gerecht werden. Die tausend Pfund zu vier Prozent, die Ihnen erst nach dem Tode Ihrer Mutter zufallen, sind finanziell wahrscheinlich Ihre einzige Aussicht. Im Hinblick darauf werde ich deshalb das diskreteste Stillschweigen bewahren, und Sie können fest darauf bauen, auch nach unserer Hochzeit wird kein kleinlicher Vorwurf jemals über meine Lippen kommen.«

Es war unbedingt notwendig, ihn zu unterbrechen.

»Sie sind voreilig, Sir«, rief sie. »Vergessen Sie nicht, dass ich noch gar keine Antwort gegeben habe. Aber ich will es ohne weiteren Zeitverlust tun. Empfangen Sie meinen Dank für die Ehre Ihres Antrags. Ich weiß sie wohl zu schätzen, aber ich kann ihn unmöglich annehmen.«

»Ich verstehe«, erwiderte Mr. Collins mit einer gemessenen Handbewegung, »junge Damen neigen dazu, den ersten Antrag eines Mannes abzulehnen, auch wenn sie ihm innerlich zustimmen, und manchmal lehnen sie sogar ein zweites und ein drittes Mal ab. Ich werde mich deshalb durch Ihre Erklärung nicht entmutigen lassen und hoffe, Sie bald zum Altar zu führen.«

»Aber Mr. Collins«, rief Elizabeth, »Ihre Hoffnung erscheint mir angesichts meiner Erklärung ungewöhnlich. Ich schwöre, ich bin nicht eine von den jungen Damen – wenn es sie gibt –, die ihr mögliches Glück dem Risiko aussetzen, ein zweites Mal gefragt zu werden. Meine Ablehnung ist völlig ernst gemeint. Sie könnten *mich* nicht glücklich machen, und ich wäre die Letzte, die *Sie* glücklich machen könnte. Nein, wenn Ihre Freundin Lady Catherine mich kennte, dann würde sie mich in jeder Hinsicht ungeeignet für die Aufgabe finden.«

»Wenn das der Fall sein sollte …«, sagte Mr. Collins nachdenklich, »aber ich kann mir gar nicht vorstellen, dass die Frau Baronin Sie ablehnen würde. Und Sie können überzeugt sein, wenn ich die Ehre habe, sie wiederzusehen, werde ich Ihre Bescheidenheit, Sparsamkeit und all Ihre anderen liebenswerten Eigenschaften in den höchsten Tönen preisen.«

»Wirklich, Mr. Collins, all Ihr Lobpreis ist unnötig. Sie müssen mir erlauben, für mich selbst zu urteilen. Bitte, tun Sie mir den Gefallen zu glauben, was ich sage. Ich wünsche Ihnen alles Glück und allen Reichtum, und indem ich Ihre Hand ablehne, tue ich alles, was in meiner Macht steht, um beides nicht zu verhindern. Durch den Antrag an mich haben Sie Ihrem Zartgefühl meiner Familie gegenüber Genüge getan, und Sie können nun Longbourn ohne Gewissensbisse übernehmen, wann immer der Besitz Ihnen zufällt. Diese Angelegenheit können wir deshalb als beendet ansehen.«

Und während sie dies sagte, stand sie auf und hätte den Raum verlassen, wenn nicht Mr. Collins sie folgendermaßen angesprochen hätte:

»Wenn ich die Ehre habe, das nächste Mal über dieses Thema mit Ihnen zu sprechen, hoffe ich, eine zustimmendere Antwort von Ihnen zu erhalten. Ich will Sie damit gegenwärtig nicht der Grausamkeit zeihen, denn ich weiß, der Brauch schreibt den Damen vor, einen Mann beim ersten Mal zurückzuweisen, und vielleicht haben Sie genau das gesagt, was zu meiner Ermutigung dient und zugleich den edelsten Tugenden des weiblichen Geschlechts zur Ehre gereicht.«

»Aber Mr. Collins«, rief Elizabeth ziemlich erregt,

»Sie bringen mich völlig durcheinander. Wenn Sie meine bisherigen Worte als Ermutigung auffassen, dann weiß ich wirklich nicht, was ich sagen muss, damit Sie begreifen, dass meine Ablehnung endgültig ist.«

»Nein, nein, meine liebe Cousine, ich lasse mich nicht davon abbringen, dass Sie meinen Antrag nur zum Schein ablehnen. Meine Gründe für diese Annahme sind kurz gesagt folgende: Ich kann nicht glauben, dass meine Hand Ihrer unwürdig oder dass der Hausstand, den ich Ihnen biete, nicht im höchsten Maße erstrebenswert ist. Meine Stellung in der Welt, meine Beziehung zur Familie de Bourgh und meine Verwandtschaft mit Ihnen sprechen allesamt für mich; darüber hinaus sollten Sie in Erwägung ziehen, dass Ihnen trotz Ihrer vielfältigen Vorzüge vielleicht kein zweiter Heiratsantrag gemacht wird. Ihr Erbe ist leider so geringfügig, dass Ihnen höchstwahrscheinlich auch Ihr Liebreiz und Ihr Charme nichts nützen werden. Ich muss daher also schließen, dass Ihre Ablehnung meiner Hand nicht ernst gemeint ist, und werde sie deshalb Ihrem Wunsch zuschreiben, meine Liebe mit den üblichen Praktiken weiblicher Verführungskunst auf die Folter zu spannen und noch mehr zu entflammen.«

»Wenn Verführungskunst darin besteht, Mr. Collins, einen anständigen Mann zu quälen, dann habe ich nicht die mindeste Begabung dazu. Das Kompliment, aufrichtig zu sein, wäre mir wesentlich lieber. Ich danke Ihnen noch einmal für die Ehre, die Ihr Antrag für mich bedeutet, aber annehmen kann ich ihn unmöglich. Meine Empfindungen lassen es auf keinen Fall zu. Muss ich mich noch deutlicher ausdrücken? Bitte, halten Sie mich nicht für eine raffinierte Frau, mit der Absicht, Sie zu martern, sondern für ein vernünftiges Wesen, das aus tiefstem Herzen die Wahrheit sagt.«

»Ihr Charme ist unwiderstehlich«, rief er mit ungelenker Galanterie, »und mein Antrag wird unbedingt Ihre Zustimmung finden, wenn Ihre beiden schätzenswerten Eltern ihm durch ihre Autorität den Segen gegeben haben.«

Gegenüber solch hartnäckigem und mutwilligem Selbstbetrug war Elizabeth machtlos, und sie zog sich schweigend und auf der Stelle zurück [...].

[Mrs. Bennet] eilte zu ihrem Mann und rief schon in der Tür zur Bibliothek:

»O Mr. Bennet, wir brauchen dich sofort! Wir sind alle völlig aus dem Häuschen. Du musst kommen und dafür sorgen, dass Lizzy Mr. Collins heiratet. Sie schwört Stein und Bein, sie will ihn nicht, und wenn du dich nicht beeilst und sie zur Räson bringst, dann macht er einen Rückzieher und will *sie* nicht.«

Mr. Bennet hob bei ihrem Eintritt die Augen von seinem Buch und sah sie mit einem Blick absoluter

Unbeteiligtheit an, der sich auch beim Hören ihrer Nachricht nicht im mindesten änderte.

»Es ist mir nicht gegeben, dich zu verstehen«, sagte er, als sie ihre Rede beendet hatte. »Wovon sprichst du?«

»Von Mr. Collins und Lizzy. Lizzy erklärt, sie will Mr. Collins nicht heiraten, und nun fängt Mr. Collins an, davon zu reden, er will Lizzy nicht heiraten.«

»Und was soll ich nun dabei tun? Der Fall scheint aussichtslos.«

»Du sollst mit Lizzy reden. Sag ihr, du bestehst darauf, dass sie ihn nimmt.«

»Lass sie herunterbitten. Ich werde ihr meine Meinung sagen.«

Mrs. Bennet klingelte, und Miss Elizabeth wurde in die Bibliothek gebeten.

»Komm her, mein Kind«, rief ihr Vater, als sie eintrat. »Ich habe dich wegen einer wichtigen Angelegenheit hergebeten. Wie ich höre, hat Mr. Collins dir einen Heiratsantrag gemacht. Stimmt das?« Elizabeth bestätigte es. – »Sehr schön, und du hast den Antrag abgelehnt?«

»Ja, Sir.«

»Sehr schön. Jetzt komme ich zur Sache. Deine Mutter besteht darauf, dass du ihn annimmst. Stimmt das, Mrs. Bennet?«

»Ja, oder ich will sie nie wiedersehen.«

»Du stehst vor einer unglückseligen Entscheidung,

Elizabeth. Von heute an wirst du von einem Elternteil verstoßen. Deine Mutter will dich nie mehr sehen, wenn du Mr. Collins *nicht* heiratest, und ich will dich nie mehr sehen, *wenn* du ihn heiratest.«

SV 121–128, 129–131

*

Ich finde, jeder Mensch hat das Recht, einmal in seinem Leben aus Liebe zu heiraten – wenn er kann.

L 240, 27. Dezember 1808

*

Da der Mensch von Natur aus denen immer wohlgesonnen ist, in deren Leben etwas Interessantes geschieht, kann ein junger Mensch, der heiratet oder stirbt, damit rechnen, dass nur Gutes über ihn gesagt wird.

E 212

*

Mr. Richard Harveys Hochzeit ist aufgeschoben, bis er sich einen besseren Vornamen zulegt, wozu er berechtigte Hoffnungen hat. Mr. Childrens zwei Söhne John & George haben beide auch vor zu heiraten – sie wollen sich gemeinsam eine Frau teilen.

L 15, 15. September 1796

Rückenansicht von Jane Austen

Aquarell von Cassandra Austen, 1804

Dr. Gardiner hat sich gestern mit Mrs. Percy und ihren drei Töchtern verheiratet.

L 69, 11. Juni 1799

*

Eheleute wissen im Allgemeinen genau, wann Widerstand vergeblich ist. Ü 68

*

Mrs. John Lyford ist so angetan von ihrer Witwenschaft, dass sie es gleich noch mal darauf anlegt, Witwe zu werden. Sie will einen Mr. Fendall heiraten, einen Bankier aus Gloucester mit ansehnlichem Vermögen, aber erheblich älter als sie und mit drei kleinen Kindern. L 105, 8. Januar 1801

IV

Es fehlt uns nicht an Abwechslung

Eine Reise durch Wales
In einem Brief an eine junge Dame

Meine liebe Clara,

ich war so lange auf einer vergnüglichen Wanderung unterwegs, dass ich noch gar nicht dazu gekommen bin, dir für deinen Brief zu danken. Wir brachen am letzten Montag von unserem lieben Zuhause zu unserer Reise durch Wales auf – ein England benachbartes Fürstentum, das dem »Prince of Wales« seinen Namen gegeben hat. Auf Wunsch meiner Mutter sollte die Reise zu Pferd vonstatten gehen. Sie ritt auf unserem kleinen Pony, und Fanny und ich gingen oder vielmehr rannten zu Fuß neben ihr her, denn meine Mutter reitet so gerne schnell, dass sie den ganzen Weg im Galopp zurücklegte. Du kannst dir vorstellen, wie wir in Schweiß geraten waren, als wir endlich Rast machten. Fanny hat viele Zeichnungen von der Landschaft angefertigt, die sehr hübsch sind, die Szenerie allerdings wohl nicht so genau wiedergeben, wie es wünschenswert wäre, denn sie musste sie im Laufen machen. Du wärest erstaunt, wenn du all die Schuhe sehen könntest, die wir auf unserer Reise durchgelaufen haben. Wir hatten vorgesorgt und uns mit einem Extrapaar eingedeckt, mussten beide Paare allerdings in Carmarthen besohlen lassen, und als sie zu guter Letzt ganz hinüber waren, war Mama so großzügig, uns ein Paar blauseidene Prinzessschuhchen zu leihen. Wir haben dann jede einen davon angezogen und sind in bester Laune von Herford aus nach Hause gehüpft.

Ich bin wie immer deine dich herzlich liebende

Elizabeth Johnson

SC 208 (ungekürzt)

*

Stell dir vor, Mrs. Holder ist tot. Die arme Frau, sie hat das einzige getan, was sie überhaupt tun konnte, um einen daran zu hindern, über sie zu lästern.

L 350, 14. Oktober 1813

*

Wie schnell wir Gründe bei der Hand haben, das zu billigen, was uns gefällt. Ü 20

*

Die schöne Cassandra

Ein Roman in zwölf Kapiteln

Erstes Kapitel

Cassandra war die Tochter, und zwar die einzige Tochter einer gefeierten Putzmacherin in der Bond Street. Ihr Vater war adliger Herkunft, da er ein naher Verwandter des Butlers der Herzogin von … war.

Zweites Kapitel

Als Cassandra ihr sechzehntes Lebensjahr erreicht hatte, war sie hübsch und liebenswert und verliebte sich, wie der Zufall es wollte, in die elegante Haube, die ihre Mutter gerade für die Gräfin von … genäht hatte. Sie setzte sie sich auf ihr gepflegtes Köpfchen und verließ den Laden ihrer Mutter, um ihr Glück zu machen.

Drittes Kapitel

Die erste Person, der sie begegnete, war der Vicomte von …, ein junger Mann, der ebenso sehr für seine Fertigkeiten und Tugenden wie für seine Eleganz und Schönheit berühmt war. Sie knickste und ging weiter.

Viertes Kapitel

Dann begab sie sich zur Konditorei, wo sie sechs Portionen Eis verschlang, sich weigerte, dafür zu bezahlen, den Konditor niederschlug und weiterging.

Fünftes Kapitel

Daraufhin stieg sie in eine Mietkutsche und wies den Kutscher an, sie nach Hampstead zu fahren, wo sie ihn unmittelbar nach ihrer Ankunft anwies, umzukehren und sie wieder zurückzufahren.

Sechstes Kapitel

Als sie an derselben Stelle in derselben Straße, von wo sie abgefahren war, wieder angekommen war, verlangte der Kutscher seine Bezahlung.

Siebtes Kapitel

Sie suchte und suchte in ihren Taschen; aber die Suche war vergeblich. Sie konnte kein Geld finden. Der Mann wurde ungeduldig. Sie stülpte ihm ihre Haube über und lief davon.

Achtes Kapitel

Dann wanderte sie durch viele Straßen und begegnete keinerlei Abenteuern, bis sie beim Bloomsbury Square um die Ecke bog und auf Maria stieß.

Neuntes Kapitel

Cassandra stutzte, und auch Maria schien überrascht; sie zitterten, erröteten, wurden blass und gingen schweigend aneinander vorbei.

Zehntes Kapitel

Cassandra wurde dann von ihrer Freundin, der Witwe, angesprochen, die ihren kleinen Kopf aus dem noch kleineren Fenster zwängte und sie fragte, wie es ihr gehe. Cassandra knickste und ging weiter.

Elftes Kapitel

Eine weitere Viertelmeile brachte sie zu ihrem väterlichen Haus, von dem sie nun fast sieben Stunden abwesend gewesen war.

Zwölftes Kapitel

Sie trat ein, und ihre Mutter, diese würdige Frau, drückte sie an ihren Busen. Cassandra lächelte und

sagte leise zu sich: »Was für ein sinnvoll verbrachter Tag.«
SC 53–56 (ungekürzt)

*

Dr. Hall ist in so tiefer Trauer, dass entweder seine Mutter, seine Frau oder er selbst gestorben sein müssen.
L 60, 17. Mai 1799

*

Brief einer jungen Dame, die von ihrem Liebhaber enttäuscht wurde

Warum macht mir nur diese letzte Enttäuschung das Herz so schwer? Warum trifft sie mich härter, verletzt mich tiefer als alle, die ich bisher erlebt habe? Kann es sein, dass ich eine stärkere Neigung zu Willoughby empfinde als zu seinen liebenswürdigen Vorgängern? Oder liegt es daran, dass unsere Gefühle umso heftiger sind, je öfter sie verletzt werden? Ich glaube fast, meine liebe Belle, *das* ist der Grund, da ich mir nicht bewusst bin, mehr an Willoughby zu hängen als an Neville, an Fitzowen oder an den beiden Crawfords, für die ich alle einmal die dauerhafteste Zuneigung empfunden habe, die je das Herz einer Frau höher schlagen ließ.

Sage mir deshalb, liebe Belle, warum ich immer noch unter Seufzern an den treulosen Edward denke oder warum ich in Tränen ausbreche, wenn ich seine Braut sehe, denn auch *das* ist der Fall. Alle meine Freunde sind besorgt um mich. Sie sind beunruhigt über meine geschwächte Gesundheit, sie beklagen meine Niedergeschlagenheit, sie befürchten die verheerende Wirkung von beiden. In der Hoffnung, meinen Trübsinn zu vertreiben und mich auf andere Gedanken zu bringen, haben sie einige ihrer Freunde über Weihnachten zu uns eingeladen. Lady Bridget Dashwood und ihre Schwägerin Miss Jane werden am Freitag erwartet, und Oberst Seatons Familie trifft nächste Woche hier ein. Das alles ist zwar gut gemeint von meinem Onkel und meinen Cousins, aber was soll ich von der Gegenwart von einem Dutzend mir gleichgültiger Leute anderes erwarten als Erschöpfung und Langeweile. Ich werde den Brief liegen lassen, bis einige unserer Besucher eingetroffen sind.

Freitagabend.

Lady Bridget traf heute Vormittag ein und mit ihr ihre reizende Schwester Jane. Obwohl ich diese charmante Frau seit über fünfzehn Jahren kenne, war mir nie bewusst, wie reizend sie ist. Sie ist inzwischen ungefähr 35 und trotz Krankheit, Kummer und Jahren wirkt sie blühender als ein Mädchen von 17. Von dem Augenblick an, wo sie mein Haus betrat, war ich entzückt von ihr, und auch sie war anscheinend sehr eingenommen von mir und wich mir für den Rest des

Tages nicht von der Seite. Es liegt etwas so Liebevolles, so Mildes in ihren Zügen, dass sie wie eine überirdische Erscheinung wirkt.

Ihre Unterhaltung ist so bezaubernd wie ihre Gegenwart; ich konnte mich nicht enthalten, ihr meine Bewunderung auszudrücken. »Ach, Miss Jane«, sagte ich, und einen Augenblick lang versagte mir vor Erregung die Stimme … »Ach, Miss Jane«, wiederholte ich – mir fehlten die Worte, meine Empfindungen auszudrücken.

Sie erwartete anscheinend, dass ich fortfuhr. Ich war verwirrt, verstört. Meine Gedanken überstürzten sich, und ich konnte nur hinzufügen: »Wie geht es Ihnen?«

Sie spürte meine Verlegenheit sofort und half mir mit bewunderungswürdiger Geistesgegenwart darüber hinweg, indem sie sagte: »Sie brauchen sich nicht zu schämen, meine liebe Sophia, dass Sie sich eine Blöße gegeben haben, ich wechsle einfach das Thema und tue, als hätte ich nichts bemerkt.«

Ach, wie ihre Güte mich gerührt hat! »Reiten Sie noch so häufig wie früher?« fragte sie.

»Mein Arzt hat mir geraten, regelmäßig zu reiten. Es gibt herrliche Ausritte hier in der Umgebung, ich habe ein wunderschönes Pferd, die Bewegung sagt mir ungemein zu«, erwiderte ich, als ich mich von meiner Verlegenheit erholt hatte, »kurz und gut, ich reite sehr viel.«

»Daran tun Sie gut, meine Liebe«, sagte sie. Dann fand sie aus dem Stegreif die folgende Formulierung, die gleichermaßen das Reiten wie die Aufrichtigkeit empfiehlt.

»Reiten Sie, wo Sie wollen; seien Sie aufrichtig, wo Sie können.« Dann fügte sie hinzu: »*Ich* bin nur einmal geritten, aber das ist viele Jahre her.«

Sie sprach diese Worte mit so leiser und zitternder Stimme aus, dass ich schwieg. Ihre Art zu reden verbat jede Antwort. »Seit meiner Heirat«, fuhr sie fort, während sie mich eindringlich ansah, »bin ich nicht geritten.«

Ich war wie vom Donner gerührt. »Ihrer Heirat, Madam!« wiederholte ich.

»Ihr Erstaunen überrascht mich nicht«, sagte sie, »denn meine Worte müssen Ihnen unglaubwürdig vorkommen. Doch nichts ist wahrer, als dass ich einmal verheiratet war.«

»Warum nennt man Sie dann Miss Jane?«

»Ich habe, meine liebe Sophia, ohne Zustimmung oder Wissen meines Vaters geheiratet, des verstorbenen Admirals Annesley. Ich musste es deshalb vor ihm und aller Welt so lange geheimhalten, bis sich eine günstige Gelegenheit bot, das Geheimnis preiszugeben. Aber ach, die Gelegenheit bot sich durch den Tod meines geliebten Hauptmanns Dashwood nur zu bald. Verzeihen Sie diese Tränen«, fuhr Miss Jane fort, indem sie sich über die Augen fuhr, »ich schulde sie dem Andenken meines Mannes. Er fiel im Kampf für sein Vaterland in Amerika, meine liebe Sophia, nach einer glücklichen Ehe von sieben Jahren. Meine Kinder, zwei reizende Jungen und ein Mädchen, die ständig bei meinem Vater und mir gewohnt hatten und für ihn und alle Welt die Kinder eines Bruders waren (obwohl ich immer ein Einzelkind war), boten mir Trost in meinem Leben. Aber kaum hatte ich meinen Henry verloren, da erkrankten diese unschuldigen Wesen und starben. Sie können sich vorstellen, Sophia, wie ich gelitten habe, als Tante am frühen Grab meiner eigenen Kinder stehen zu müssen. Mein Vater überlebte sie nur um wenige Wochen. Er starb, der gute alte Mann, ohne, zu seinem Glück, von meiner Heirat gewusst zu haben.«

»Aber haben Sie sich nicht dazu bekannt und beim Tod Ihres Mannes seinen Namen angenommen?«

»Nein, ich konnte mich nicht dazu durchringen – zumal mir der Tod meiner Kinder jede Veranlassung dazu nahm. Lady Bridget und Sie sind die einzigen Personen, die wissen, dass ich je Ehefrau und Mutter war. Da ich mich nicht dazu bringen konnte, den Namen Dashwood anzunehmen (einen Namen, den ich nach Henrys Tod nie ohne Gemütsbewegung hören konnte), und da ich fand, kein Recht auf den Namen Annesley zu haben, verzichtete ich auf beide und bestand darauf, nach dem Tod meines Vaters nur meinen Vornamen zu tragen.«

Sie hielt inne ... »Ach, meine liebe Miss Jane«, sagte ich, »wie unendlich dankbar bin ich Ihnen für diese unterhaltsame Geschichte. Sie können sich gar nicht vorstellen, wie sie mich amüsiert hat. Aber ist sie denn schon zu Ende?«

»Ich habe nur noch hinzuzufügen, meine liebe Sophia, dass Henrys älterer Bruder etwa zur gleichen Zeit starb, so dass Lady Bridget ebenfalls Witwe wurde, und da wir uns auf Grund des Ansehens, das wir überall genossen, aus der Ferne immer geschätzt hatten, obwohl wir uns nie begegnet waren, beschlossen wir zusammenzuziehen. Und unsere Empfindungen und Handlungen entsprachen einander so vollständig, dass wir uns gegenseitig mit der gleichen Post zum gleichen Thema schrieben. Beide waren wir von dem gegenseitigen Vorschlag, eine gemeinsame Familie zu gründen, so begeistert, dass wir seitdem in friedlicher Einheit zusammenleben.«

»Und ist das alles?« rief ich. »Ich hoffe, das ist nicht das Ende.«

»Doch. Und haben Sie je eine bewegendere Geschichte gehört?«

»Niemals. Und gerade deshalb gefällt sie mir so gut, denn wenn man selbst unglücklich ist, gibt es nichts Köstlicheres für das eigene Gemüt, als von ähnlichem Unglück zu hören.«

»Aber meine liebe Sophia, warum sind *Sie* denn unglücklich?«

»Haben Sie nicht von Willoughbys Heirat gehört?«

»Aber meine Liebe, warum beklagen Sie ausgerechnet *seine* Treulosigkeit, wenn sie die so vieler anderer junger Männer bisher so klaglos ertragen haben?«

»Ach, Madam, damals war ich daran gewöhnt, aber als Willoughby sein Versprechen brach, war ich schon ein halbes Jahr lang nicht mehr enttäuscht worden.«

»Sie Ärmste!« sagte Miss Jane.

SC 176–181 (ungekürzt)

»Mr. Bertram«, sagte [Mary Crawford], »ich habe endlich Nachrichten von meiner Harfe. Man hat mir versichert, dass sie wohlbehalten in Northampton ist, und da ist sie trotz der feierlichen gegenteiligen Versicherungen, die wir so oft erhalten haben, wahrscheinlich schon seit zehn Tagen.«

Edmund gab seiner Freude und Überraschung Ausdruck.

»Die Sache ist die, dass unsere Anfragen zu direkt waren, wir haben einen Diener geschickt, wir sind selber hingefahren, aber das nützt siebzig Meilen

Zeitgenössische Darstellung einer Harfenspielerin

von London gar nichts. Heute Vormittag aber kam die Nachricht auf dem richtigen Wege. Ein Bauer hat die Harfe gesehen, und der hat dem Müller davon erzählt, und der Müller hat es dem Schlachter erzählt, und der Schwiegersohn des Schlachters hat eine Nachricht beim Krämer hinterlassen.«

MP 66

*

Eine Erzählung

Ein Herr, dessen Familiennamen ich aber geheimhalten möchte, kaufte vor zwei Jahren ein Häuschen in Pembrookeshire. Diese kühne Unternehmung war ihm von seinem älteren Bruder nahegelegt worden, der ihm versprach, zwei Zimmer und einen Ankleideraum zu möblieren, vorausgesetzt, er finde ein Häuschen am Rand eines ausgedehnten Waldes, ungefähr drei Meilen von der See. Wilhelmus nahm das Angebot dankend an und hatte sich schon eine Zeitlang nach einem solchen abgeschiedenen Ort umgesehen, als er eines Vormittags durch eine Anzeige in der Zeitung auf angenehme Weise seiner Mühe enthoben wurde.

Zu vermieten
Ein sauberes Häuschen am Rand eines ausgedehnten Waldes, ungefähr drei Meilen von der See. Komplett möbliert, mit Ausnahme von zwei Zimmern und einem Ankleideraum.

Hocherfreut lief Wilhelmus mit der Anzeige zu seinem Bruder. Robertus gratulierte ihm und schickte ihn sogleich in seiner Kutsche auf den Weg, um das Häuschen zu mieten. Nachdem Wilhelmus drei Tage und sechs Nächte ohne Aufenthalt gereist war und am Rand des Waldes einem Weg gefolgt war, der einen steilen Hügel hinunterführte, über den sich zehn Bäche schlängelten, stieß er tatsächlich in einer halben Stunde auf das Häuschen. Er stieg aus, und als er eine ganze Weile geklopft hatte, ohne Antwort zu erhalten oder im Haus irgendwelche Geräusche zu vernehmen, öffnete er die Tür, die nur durch einen hölzernen Riegel befestigt war, und trat in ein kleines Zimmer, das er sogleich als eins der beiden unmöblierten erkannte. – Von hier gelangte er in einen ebenfalls leeren Ankleideraum. Von dort führten ein paar Stufen zu einem höher gelegenen Raum, der nicht weniger leer war; und aus diesen Räumen bestand auch schon das ganze Haus. Diese Entdeckung verdarb ihm allerdings keineswegs die Laune, denn er konnte sich damit trösten, dass ihn die Einrichtung nichts kosten würde.

Er kehrte unmittelbar zu seinem Bruder zurück, der am nächsten Tag mit ihm in alle Möbelgeschäfte der Stadt ging, um das nötige Mobiliar für die beiden Zimmer und den Ankleideraum zu kaufen. In ein paar Tagen war alles erledigt, und Wilhelmus kehrte zu dem Häuschen zurück, um den Einzug vorzunehmen. Robertus begleitete ihn mit der Dame seines Herzens, der liebenswerten Cecelia, ihren beiden reizenden Schwestern Arabella und der von Wilhelmus zärtlich geliebten Marina und einer großen Anzahl von Bedienten.

Der Versuch, eine so umfangreiche Gesellschaft unterzubringen, hätte ein unbegabtes Genie wahrscheinlich in Verlegenheit gebracht, aber mit bewundernswerter Geistesgegenwart gab Wilhelmus sofort Anweisung, in einer Lichtung des Waldes neben dem Haus zwei herrschaftliche Zelte zu errichten. Ihre Konstruktion war ebenso einfach wie elegant. Ein paar alte Wolldecken, jede an vier Stöcken befestigt, bewiesen aufs überzeugendste, dass Sinn für Architektur und eine leichte Hand beim Überwinden von Schwierigkeiten zu Wilhelmus' hervorstechendsten Tugenden gehörten.

SC 209 f. (ungekürzt)

*

Aus: Die Geschichte Englands [...] Von einer parteiischen, voreingenommenen und ahnungslosen Historikerin

Heinrich IV.

Heinrich IV. bestieg den Thron Englands, sehr zu seinem eigenen Wohlgefallen, im Jahre 1399, nachdem er seinen Vetter und Vorgänger Richard II. überredet hatte, abzudanken und sich für den Rest seines Lebens nach Pomfret Castle [Pontefract] zurückzuziehen, wo er denn auch prompt ermordet wurde. Es ist anzunehmen, dass Henry verheiratet war, jedenfalls hatte er vier Söhne, aber ich bin nicht in der Lage, dem Leser mitzuteilen, wer seine Frau war. Wie auch immer, er war nicht unsterblich, wurde krank, und sein Sohn, der Prinz von Wales, kam und entriss ihm die Krone, woraufhin der König eine lange Rede hielt, für die ich den Leser auf Shakespeares Stücke verweisen muss, und der Prinz hielt eine noch längere Rede. Als die Dinge auf diese Weise zwischen ihnen geregelt waren, starb der König, und ihm folgte sein Sohn Heinrich, der vorher Sir William Gascoigne geschlagen hatte.

Edward IV.

Dieser König war nur für seine Schönheit und seinen Mut berühmt, wofür das beigefügte Bild und sein unerschrockenes Verhalten, *eine* Frau zu heiraten,

Edward IV.
Aquarell von Austens Schwester Cassandra

während er mit einer anderen verlobt war, Beweis genug sind. Seine Frau war Elizabeth Woodville, eine Witwe, die später, die Ärmste!, von Heinrich VII., einem Ausbund von Schändlichkeit und Geiz, in ein Kloster gesperrt wurde. Eine von Heinrichs Mätressen war Jane Shore, über die es ein Theaterstück gibt, aber es ist eine Tragödie und daher nicht lesenswert. Als seine Majestät all diese noblen Taten vollbracht hatte, starb er und wurde von seinem Sohn abgelöst.

SC 161, 163 (beide Biographien ungekürzt)

*

»Was für ein hübsches Vergnügen für junge Leute, nicht wahr, Mr. Darcy! Nichts geht übers Tanzen. Ich halte es für eine der ersten Errungenschaften jeder kultivierten Gesellschaft.«

»Gewiss, Sir, und es hat den Vorteil, auch bei den weniger kultivierten Gesellschaften auf der Welt in Mode zu sein. Jeder Wilde kann tanzen.«

Sir William Lucas und Mr. Darcy, SV 30

*

Das Wetter [...] ist wirklich zu schlecht, und das schon seit langem, es ist eigentlich völlig unerträglich, und es kommt mir fast schon vor, als ob es nie wieder besser wird. Das ist aber nur ein Trick von mir, denn ich habe oft beobachtet, dass das Wetter, wenn man es im Brief erwähnt, sich grundlegend geändert hat, bevor der Empfänger ihn liest.

L 457, 9. Juli 1816

*

Das Geheimnis
Ein unvollendetes Lustspiel

Erste Szene

Ein Garten.
Corydon tritt auf.

CORYDON. Aber still! Man unterbricht mich.
(Der alte Humbug und sein Sohn treten im Gespräch auf.)

ALTER H. Deshalb möchte ich, dass du meinen Rat befolgst. Siehst du ein, dass er berechtigt ist?

JUNGER H. Sir, ich werde Ihrem Rat unbedingt folgen.

ALTER H. Dann wollen wir ins Haus zurückkehren.
(Gehen ab.)

Zweite Szene

Ein Zimmer in Humbugs Haus.
Mrs. Humbug und Fanny mit einer Handarbeit.

MRS. H. Sie verstehen mich also, meine Liebe.

FANNY. Vollkommen, Madam, fahren Sie bitte fort.

MRS. H. Ach, meine Geschichte ist zu Ende, denn ich habe über das Thema weiter nichts zu sagen.

FANNY. Ah, hier ist Daphne.
(Daphne tritt auf.)

DAPHNE. Meine liebe Mrs. Humbug, wie geht es Ihnen? Ach, Fanny, alles ist aus.

FANNY. Wirklich!

MRS. H. Das tut mir aber leid.

FANNY. Dann hat es also gar nichts genutzt, dass ich …

DAPHNE. Überhaupt nichts.

MRS. H. Und was soll nun werden aus …

DAPHNE. Das ist alles geregelt.

(Sie flüstert mit Mrs. Humbug.)

FANNY. Und wie hat man sich entschieden?

DAPHNE. Das will ich Ihnen sagen.

(Sie flüstert mit Fanny.)

MRS. H. Und wird er nun …?

DAPHNE. Ich will Ihnen alles erzählen, was ich über die Sache weiß.

(Sie flüstert mit Mrs. Humbug und Fanny.)

FANNY. Also! Nun wo ich alles weiß, will ich gehen.

MRS. H. und DAPHNE. Ich auch.

Dritte Szene

Als der Vorhang sich öffnet, sieht man Sir Edward Spangle, in eleganter Haltung auf dem Sofa zurückgelehnt, schlafend dasitzen.

Oberst Elliot tritt auf.

OBERST. Meine Tochter ist, wie ich sehe, nicht hier … Dort liegt Sir Edward … Soll ich ihn in das Geheimnis einweihen? … Nein, er hält bestimmt nicht dicht … Aber er schläft und hört mich nicht … Ich kann es also wagen.

(Er geht auf Sir Edward zu, flüstert ihm etwas ins Ohr und geht ab.)

Ende des ersten Aufzugs.

SC 66 f. (ungekürzt)

*

Kaum hatten wir den Stadtteil Holborn erreicht, da ließ ich eines der vorderen Fenster [der Kutsche] herunter und fragte alle anständig aussehenden Passanten, an denen wir vorüberkamen, ob sie meinen Edward gesehen hatten. Aber da wir zu schnell fuhren, als dass sie Antwort auf meine ständig wiederholte Frage hätten geben können, erfuhr ich wenig, ja eigentlich gar nichts über seinen Verbleib.

Liebe und Freundschaft, SC 104

*

So erkannten sie in [Mr. Parker] einen Fanatiker durch und durch, wenn das Thema auf Sanditon kam – Sanditon, der Erfolg Sanditons als kleiner, modischer Kurort war anscheinend der Inhalt seines Lebens. […]

Er konnte unaufhörlich davon reden. Tatsächlich hatte der Ort jedes Recht, große Ansprüche an ihn zu stellen. Er verkörperte nicht nur seinen Geburtsort, seinen Besitz und sein Heim, sondern auch seine Goldmine, seine Lotterie, sein Spekulationsobjekt und sein Steckenpferd, sein Hauptinteresse, seine Hoffnung und seine Zukunft. Er brannte darauf, seine guten Freunde [...] dazu [zu] überreden, ihm sobald wie möglich nach Sanditon zu folgen; und bei ihrer unbezweifelbaren Gesundheit sah er voraus, dass ihnen allen das Meer guttun würde. Ja, er war sicher, dass es niemandem wirklich gutgehen könne, niemand sich auf Dauer (trotz des momentanen *Anscheins* von Wohlbefinden durch den zufälligen Erfolg von körperlicher oder geistiger Aktivität) eines guten Gesundheitszustandes erfreuen könne, ohne jährlich einen mindestens sechswöchigen Aufenthalt am Meer zu verbringen. Seeluft und Seebad *zusammen* versagten nahezu nie, da das eine oder das andere jedem Magen-, Lungen- oder Blutleiden gewachsen war. Sie waren ein unfehlbares Mittel gegen Krämpfe, Lungenleiden, Zweifel, Gallenschäden und Rheumatismus. Niemand konnte sich an der See eine Erkältung holen, niemand litt unter Lustlosigkeit, niemand litt unter Schwäche. Luft und Bad heilten, beruhigten, entspannten, stärkten und kräftigten; sie waren, bald das eine und bald das andere, offenbar genau das, was man brauchte. Wenn die Seebrise versagte, schuf das Seebad unweigerlich Abhilfe, und wo das Baden nicht zuträglich war, war die

Seeluft allein anscheinend von der Natur als Heilmittel wie geschaffen. Aber seine Beredsamkeit richtete nichts aus. Mr. und Mrs. Heywood verreisten nie.

DW 164, 166 f.

*

Isabel war damals 21; obwohl ihre Erscheinung und ihre Umgangsformen angenehm waren, besaß sie (unter uns gesagt) nicht einen Bruchteil meiner Schönheit oder meiner Fertigkeiten und Kenntnisse. Isabel war in der Welt herumgekommen. Sie hatte zwei Jahre in einem der führenden Pensionate Londons verbracht, sich vierzehn Tag in Bath aufgehalten und einmal in Southampton zu Abend gegessen. »Hüte dich, meine Laura«, sagte sie oft, »vor der faden Nichtigkeit und dem öden Müßiggang der Hauptstadt Englands, hüte dich vor dem unsinnigen Luxus von Bath und vor dem stinkenden Fisch von Southampton.«

»Ach!« rief ich, »wie soll ich diesen Übeln aus dem Weg gehen, wenn ich sie doch nie erleben werde? Welche Aussicht besteht, dass ich je den Müßiggang Londons, den Luxus von Bath und den stinkenden Fisch von Southampton kosten werde?«

Liebe und Freundschaft, SC 92

V

Gepflegte Umgangsformen und geistreiche Unterhaltung

Sie war keine Frau, die viele Worte machte, denn im Gegensatz zu den meisten anderen Leuten passte sie ihre Worte der Zahl ihrer Einfälle an. VG 267

*

Im allgemeinen sahen sie abends weniger Freunde als vormittags, aber *ein* großes Dinner, und sogar außerhalb des Hauses und noch dazu Weihnachten, ließ sich nicht umgehen. [...]

Es war allerdings bitterkalt, und als die zweite Kutsche sich in Bewegung setzte, fielen die ersten Flocken, [...]. Emma merkte bald, dass ihr Schwager nicht in der besten Laune war. Die Vorbereitungen und der Aufbruch bei solchem Wetter, das Alleinlassen der Kinder nach dem Essen waren Übel, waren zumindest Unannehmlichkeiten, die ganz und gar nicht nach Mr. John Knightleys Geschmack waren; er erwartete von dem Besuch nichts, was den Aufwand auch nur irgendwie lohnte, und auf dem Weg zum Pfarrhaus äußerte er nichts als sein Missfallen.

»Wer Leute bittet«, sagte er, »ihr eigenes Kaminfeuer zu verlassen und sich an einem solchen Tag hinauszutrauen, nur um ihm einen Besuch zu machen, muss ganz schön von sich eingenommen sein. Er muss sich für einen glänzenden Gesellschafter halten; ich brächte es nicht übers Herz. Es ist einfach absurd, und jetzt schneit es auch noch! Die reine Unvernunft, Leuten nicht ihre häusliche Bequemlichkeit zu gönnen, und die reine Unvernunft, nicht bequem zu Hause zu bleiben, wenn man es könnte. Wenn wir an einem solchen Abend beruflich oder dienstlich ausgehen müssten, würden wir es für eine Zumutung halten, und dabei machen wir uns jetzt sogar freiwillig und ohne Rechtfertigung auf den Weg, vermutlich auch noch leichter bekleidet als sonst und sprechen der Natur Hohn, die dem Menschen, der in allem seiner Einsicht und seinem Gefühl folgen sollte, befiehlt, zu Hause zu bleiben und Schutz unter seinem Dach zu suchen, wenn er kann. Und dabei sind wir jetzt auf dem Wege, um im Hause eines anderen Menschen fünf langweilige Stunden zu verbringen, ohne etwas zu sagen oder zu hören, was wir nicht gestern schon gesagt oder gehört haben und was nicht morgen wieder gesagt oder gehört wird. Unterwegs in trostlosem Wetter, wahrscheinlich, um in noch trostloserem Wetter zurückzukommen; vier Pferde und vier Diener werden aufgescheucht aus keinem anderen Grund, als um fünf müßige, am ganzen Leibe zitternde Kreaturen in noch kältere Räume und noch schlechtere Gesellschaft zu transportieren, als ihnen zu Hause zur Verfügung standen.«

Emma sah sich keineswegs imstande, ihm die freundliche Zustimmung zu geben, an die er ganz offenbar gewöhnt war, und ihm mit einem »Ganz recht, mein Schatz« beizupflichten, das seine Reisebegleiterin [seine Frau, Emmas Schwester] gewöhnlich zum Gespräch beisteuerte, aber jedenfalls reichte ihre Entschlusskraft dazu, gar nicht zu antworten. Zustimmen konnte sie nicht; und ihr graute davor, mit ihm zu streiten; ihr Heroismus langte nur zum Schweigen.

[...]

»Es ist ein eiskalter Nachmittag«, [warf Mr. Elton ein,] »aber in unserer Kutsche spüren wir nichts davon. Oh, es schneit sogar ein wenig, wie ich sehe!«

»Ja«, sagte John Knightley, »und wir werden vermutlich noch mehr Schnee bekommen.«

»Weihnachtswetter«, bemerkte Mr. Elton, »der Jahreszeit entsprechend; [...] Ich bin Weihnachten einmal eine ganze Woche im Haus eines Freundes eingeschneit gewesen. Etwas Gemütlicheres gibt es gar nicht. Ich wollte nur einen Abend bleiben und konnte erst eine ganze Woche später wieder wegkommen.«

Mr. John Knightley sah aus, als ob er nicht begriffe, worin die Gemütlichkeit bestehe, aber er sagte nur kühl:

»Mir liegt keineswegs daran, eine Woche lang in Randalls eingeschneit zu werden.« E 128, 134 f., 137 f.

*

Evelyn

In einem abgelegenen Teil der Grafschaft Sussex liegt ein Dorf, das (soweit ich weiß) Evelyn genannt wird und vielleicht eins der hübschesten Fleckchen Erde im Süden Englands ist. Ein Herr zu Pferd, der sich dort vor ungefähr zwanzig Jahren auf der Durchreise befand, war in dieser Hinsicht so völlig meiner Meinung, dass er in dem kleinen Gasthof des Ortes abstieg und sich allen Ernstes erkundigte, ob in der Gemeinde ein Haus zu vermieten sei. Die Wirtin, die, wie alle Leute in Evelyn, ausgesprochen freundlich war, schüttelte bei dieser Frage den Kopf, war aber anscheinend nicht gewillt, ihm eine Antwort zu geben. Er konnte diese Ungewissheit nicht ertragen, wusste aber nicht, wie er die erwünschte Antwort auf seine Frage erhalten könnte. Die Frage zu wiederholen, die offenbar schon beim ersten Mal der Wirtin Unbehagen bereitet hatte, war unmöglich. In sichtbarer Erregung wandte er sich von ihr ab.

»In was für einer Lage befinde ich mich!« sagte er zu sich, während er ans Fenster trat und es aufriss. Die frische Luft belebte ihn bei geöffnetem Fenster erheblich mehr als bei geschlossenem. Aber die Erleichterung hielt nur einen Augenblick an. Die Qual der Ungewissheit und Anspannung lastete erneut auf ihm. Die gute Frau hatte sein lebhaftes Mienenspiel in aufmerksamem Schweigen mit dem Wohlwollen beobachtet, das alle Bewohner Evelyns auszeichnete, und bat ihn, ihr zu sagen, was ihn bedrücke. »Gibt es irgendetwas, was ich tun kann, um ihren Kummer zu erleichtern. Sagen Sie mir, wie ich ihn lindern kann, und glauben Sie mir, dass der Balsam hilfreichen Trostes nicht fehlen wird, denn wahrlich, Sir, ich bin eine mitfühlende Seele.«

»Liebenswerte Dame« (sagte Mr. Gower, der durch dieses großzügige Angebot beinahe zu Tränen gerührt war). »Diese Großherzigkeit bei jemandem, für den ich eher ein Fremder bin, verstärkt nur meinen innigen Wunsch, in diesem lieblichen Dorf ein Haus zu finden. Was gäbe ich nicht dafür, Ihr Nachbar zu sein, durch Ihre Bekanntschaft und die nähere Kenntnis Ihrer Tugenden belohnt zu werden. Oh, mit welcher Freude würde ich mir an Ihnen ein Beispiel nehmen! Sagen Sie mir, herrliche Frau, liegt das nicht im Bereich des Möglichen? Mir versagt die Stimme. Sie verstehen mich …«

»Ach! Sir«, erwiderte Mrs. Willis, »Die Möglichkeit gibt es nicht. Wegen der lieblichen Lage und der gesunden Luft, in der weder Elend noch Krankheit oder Laster gedeihen, sind alle Häuser bewohnt.

Und doch (nach einer kurzen Pause) gibt es eine Familie hier, die zwar sehr an diesem Fleckchen hängt, aber in ihrer eigentümlichen Großzügigkeit möglicherweise bereit wäre, Ihnen ihr Haus zu überlassen.«

Diese Hoffnung beflügelte ihn, und als er sich den Weg hatte erklären lassen, machte er sich sofort dorthin auf. [...] Mr. Gower klingelte, die Tür wurde bald geöffnet.

»Sind Mr. und Mrs. Webb zu Hause?«

»Mein lieber Sir, das sind sie«, antwortete der Diener und ging ihm auf der Treppe zu einem höchst eleganten Ankleidezimmer voran, wo eine Dame sich von ihrem Stuhl erhob und ihn mit all dem Entgegenkommen begrüßte, das die Familie nach Mrs. Willis auszeichnete.

»Willkommen, herrlicher Mann! Willkommen in diesem Haus und allem, was dazugehört. William, berichte deinem Herrn von der Freude, die mir gemacht wird, und bitte ihn, daran teilzunehmen. Bring sofort heiße Schokolade, deck den Tisch im Esszimmer und trag die Wildpastete auf. Biete unserem Gast in der Zwischenzeit ein paar Schnittchen an und bring einen Korb mit Obst. Lass ihm eine Auswahl von Eis servieren und eine Terrine Suppe und vergiss den Pudding und den Kuchen nicht.«

Dann wandte sie sich an Mr. Gower und nahm ihre Geldbörse heraus:

»Nehmen Sie dies, mein lieber Sir. Glauben Sie mir, alles, was mir gehört, gehört auch Ihnen. Ich wollte nur, meine Geldbörse wäre schwerer, aber Mr. Webb muss für das Fehlende sorgen. Ich weiß, er hat Bargeld im Wert von hundert Pfund im Haus, die er Ihnen sofort überreichen soll.«

Mr. Gower fühlte sich von so viel Freigebigkeit geradezu überwältigt, während er die Geldbör-se einsteckte, und seine Dankbarkeit für das Angebot der hundert Pfund verschlug ihm geradezu die Sprache. Bald darauf trat Mr. Webb ein und wiederholte all die Bekundungen von Freundschaft und Entgegenkommen, die seine Frau schon geäußert hatte.

Die Schokolade, die Schnittchen, der Pudding, der Kuchen, das Eis und die Suppe wurden bald aufgetischt, und als Mr. Gower von allem gekostet und die Reste eingesteckt hatte, wurde er ins Esszimmer geleitet, wo er ein delikates Dinner zu sich nahm und sich an den Weinen gütlich tat, während Mr. und Mrs. Webb dabeistanden und ihn drängten zuzulangen.

»Und nun, mein guter Sir«, sagte Mr. Webb, als Mr. Gower seine Mahlzeit beendet hatte, »wie können wir sonst noch zu Ihrem Wohlbefinden beitragen und Ihnen unsere Zuneigung beweisen? Sagen Sie uns, wonach Ihnen sonst noch der Sinn steht, und verlassen Sie sich auf unsere Dankbarkeit für die Äußerung Ihrer Wünsche.«

»Dann überlassen Sie mir Ihr Haus und Ihr Grundstück; weiter bitte ich um nichts.«

»Es gehört Ihnen«, riefen beide wie aus einem Mund, »von diesem Augenblick an gehört es Ihnen.« Da damit der Handel abgeschlossen war und Mr. Gower das Geschenk angenommen hatte, ließ Mr. Webb die Kutsche vorfahren und bat William, die jungen Damen herbeizurufen.

»Mein guter Mann«, sagte Mrs. Webb, »wir werden Ihre Zeit nicht mehr lange in Anspruch nehmen.«

»Sie brauchen sich nicht zu entschuldigen, gnädige Frau«, erwiderte Mr. Gower, »Sie können gerne noch eine halbe Stunde bleiben, wenn Sie wollen.«

Beide brachen in grenzenlose Bewunderung über diese Höflichkeit aus, die ihre Aufdringlichkeit, seine Zeit über Gebühr zu beanspruchen, umso unverzeihlicher erscheinen ließ.

Bald darauf traten die jungen Damen ein. Die ältere war ungefähr siebzehn, die andere einige Jahre jünger. Kaum hatte Mr. Gower seine Augen auf Miss Webb gerichtet, da wurde ihm klar, dass das Haus, das er gerade erhalten hatte, zu seinem vollkommenen Glück noch nicht ausreichte. Mr. Webb stellte ihn seiner Tochter vor. »Unser lieber Freund Mr. Gower, mein Schatz, war so liebenswürdig, dieses Haus, so klein es auch ist, anzunehmen, und hat versprochen, es für immer zu behalten.«

»Seien Sie versichert, Sir«, sagte Miss Webb, »dass ich Ihre diesbezügliche Güte, die wegen der kurzen Bekanntschaft meiner Eltern mit Ihnen umso schmeichelhafter ist, außerordentlich zu schätzen weiß.«

Mr. Gower verneigte sich. »Sie sind zu liebenswürdig, Madam. Ich versichere Ihnen, dass mir das Haus außerordentlich gefällt, und wenn Sie das Maß Ihrer Großzügigkeit vollmachten und mir die Hand Ihrer älteren Tochter und eine reiche Mitgift gäben, dann wäre mein Glück vollkommen.«

Dieses Kompliment ließ die reizende Miss Webb erröten, die sich allerdings zunächst an ihre Eltern wandte, die sich ihrerseits entzückt ansahen. Schließlich brach Mrs. Webb das Schweigen und sagte:

»Mit Vergnügen übernehmen wir die Verpflichtung, die Sie uns aufbürden und für die wir Sie nie entschädigen können. Nehmen Sie unser Mädchen, nehmen Sie unsere Maria, und ihr wird die schwierige Aufgabe obliegen, Ihre unendliche Mildtätigkeit wiedergutzumachen.«

Mr. Webb fügte hinzu: »Ihre Mitgift ist lediglich zehntausend Pfund – eigentlich eine zu kleine Summe, als dass man sie mit gutem Gewissen anbieten könnte.«

Da dieser Einwand sofort dadurch beseitigt wurde, dass Mr. Gower sich großzügig mit der Summe einverstanden erklärte, verabschiedeten sich Mr. und Mrs. Webb und ihre Tochter, und am nächsten Tag wurde die Hochzeit ihrer älteren Tochter mit Mr. Gower gefeiert.

So hatte dieser liebenswürdige Mann den Zustand vollkommenen Glücks erreicht: Im Besitz einer höchst lieblichen und verdienstvollen jungen Frau, eines hübschen Vermögens, eines eleganten Hauses; und als Bewohner des Dorfes von Evelyn konnte er weiter Umgang mit Mrs. Willis pflegen – was blieb ihm zu wünschen übrig?

Einige Monate blieb ihm auch tatsächlich nichts zu wünschen übrig, bis er eines Tages eingehakt mit Maria im Staudengarten spazieren ging und eine voll aufgeblühte Rose auf dem Kies liegen sah, die von einem Rosenbusch gefallen war, den Mr. Webb mit drei anderen gepflanzt hatte, um den Spaziergang im Garten interessanter zu machen. Diese vier Rosenbüsche dienten auch dazu, die Viertel des Gartens zu markieren, damit der Spaziergänger immer wusste, wie weit er beim Gang um die Wiese gekommen war. Maria bückte sich, um die schöne Blume aufzuheben, und reichte sie mit der ihrer Familie eigenen Großzügigkeit ihrem Mann.

»Mein lieber Frederic«, sagte sie, »nimm bitte diese entzückende Rose.«

»Rose!« rief Mr. Gower. »Ach, Maria, wenn du wüsstest, woran sie mich erinnert! Ach, meine arme Schwester, wie habe ich dich vernachlässigt!«

Die Sache war die, dass Mr. Gower der einzige

Sohn einer kinderreichen Familie und Rosa Gower die dreizehnte Tochter war. [...] Ein paar Monate vor der Heirat ihres Bruders hatten es ihr die Aufmerksamkeiten und der Charme eines jungen Mannes angetan, dessen hoher Rang und Zukunftsaussichten den Widerstand *seiner* Familie gegen die Verbindung herausfordern musste, die *ihrer* Familie höchst wünschenswert erschien.

Der junge Mann machte seinen Antrag, und sein Vater erhob seinen berechtigten Einspruch. Man bestand darauf, dass er von Carlisle, wo er sich bei seiner geliebten Rosa aufhielt, zu seiner Familie nach Sussex zurückkehrte. Ihm blieb nichts anderes übrig, als dem Wunsch nachzukommen. Und als sein erzürnter Vater in einem Gespräch herausfand, wie entschlossen sein Sohn war, keine andere Frau zu heiraten, schickte er ihn in der Hoffnung, seine Beständigkeit durch einen längeren Aufenthalt in der Ferne zu brechen, unter der Aufsicht des Familienpfarrers für vierzehn Tage auf die Insel Wight.

Also sagten die beiden auf lange Zeit England Lebewohl. Der junge Adlige durfte seine Rosa nicht sehen. Sie stachen in See. Ein Sturm erhob sich, dem die Geschicklichkeit der Seeleute nicht gewachsen war. Das Schiff zerschellte an der Küste von Calshot und riss alle an Bord mit sich in die Tiefe.

Die Nachricht von dem traurigen Ereignis erreichte Carlisle sehr bald, und die schöne Rosa ergriff eine namenlose Trauer. Um ihren Schmerz zu mildern, wollte Mr. Gower ein Bild ihres unglückseligen Geliebten erwerben und hatte zu diesem Zweck seine Reise nach Sussex unternommen, wo er hoffte, der strenge, aber trauernde Vater werde seine Bitte nicht zurückweisen.

Als er Evelyn erreichte, war er von Burg … nur wenige Meilen entfernt, aber die erfreulichen Ereignisse, die ihm dort widerfuhren, ließen ihn eine Zeit lang seine Reise und seine unglückliche Schwester völlig vergessen. Die kleine Episode mit der Rose brachte ihm allerdings alles wieder in Erinnerung, und er bereute seine Nachlässigkeit bitter. Er kehrte umgehend ins Haus zurück und schrieb, von Schmerz, Befürchtungen und Scham getrieben, den folgenden Brief an Rosa.

14. Juli – Evelyn

Meine geliebte Schwester,

vier Monate sind vergangen, seit ich Carlisle verließ, und während der ganzen Zeit habe ich dir nicht ein einziges Mal geschrieben. Du wirst mir vielleicht unberechtigterweise Vernachlässigung und Vergesslichkeit vorwerfen. Ach! Ich erröte, wenn ich zugebe, wie recht du mit deinem Vorwurf hast. Aber urteile, wenn du noch lebst, nicht zu streng über mich und nimm womöglich an, dass ich die Lage meiner Rosa auch nur einen Augenblick habe vergessen können. Glaub mir, ich werde dich von jetzt an nicht mehr vergessen, sondern so schnell wie möglich nach Burg … aufbrechen, wenn ich deiner Antwort entnommen habe, dass du noch lebst. Maria stimmt in all meine pflichtbewussten und guten Wünsche ein, und ich bin dein dich liebender

F. Gower

Er harrte in ungeduldiger Erwartung auf die Antwort auf seinen Brief, die ihn erreichte, sobald die große Entfernung von Carlisle es zuließ. Aber ach, sie kam nicht von Rosa.

Carlisle, 17. Juli

Lieber Bruder,

meine Mutter hat sich erlaubt, deinen Brief an die arme Rosa zu öffnen, da diese schon sechs Wochen tot ist. Deine lange Abwesenheit und dein andauerndes Schweigen haben uns große Sorge gemacht und ihren Tod beschleunigt. Du kannst dir deshalb deine Reise nach Burg … sparen. Du berichtest weder, wo du dich die ganze Zeit seit deiner Abreise von Carlisle aufgehalten hast, noch gibst du irgendeine Erklärung für deine unerfreuliche

Abwesenheit, die uns überrascht hat. Wir alle senden Maria unsere Grüße und wüssten gerne, wer sie ist.

Deine dich liebende Schwester
M. Gower

Dieser Brief, der Mr. Gower die Verantwortung für den Tod seiner Schwester aufbürdete, versetzte seinem Gemüt einen solchen Schock, dass er trotz seines Aufenthalts in Evelyn, wo man Krankheiten eigentlich gar nicht kannte, einen Anfall von Gicht bekam, der ihn ans Bett fesselte und Maria Gelegenheit gab, in ihrer Lieblingsrolle als Krankenschwester zu glänzen.

Nie hatte eine Frau jemanden unter solchen Umständen liebevoller gepflegt; und aufgrund ihrer unermüdlichen Sorge um ihn hatte sie schließlich die Freude, ihn nach und nach wieder auf den Beinen zu sehen. Es war ein Segen, der ihm nicht verborgen blieb, denn sobald er das Haus verlassen konnte, schwang er sich aufs Pferd und ritt nach Burg …, wo er herausfinden wollte, ob der Burgherr, durch den Tod seines Sohnes milder gestimmt, seine Zustimmung zu dessen Heirat gegeben hätte, sofern sein Sohn und Rosa am Leben geblieben wären. Seine liebenswerte Maria blickte ihm nach, bis sie ihn aus den Augen verlor, sank dann von Schmerz überwältigt in ihren Sessel und fand, dass ihr während seiner Abwesenheit jede Freude versagt bleiben würde.

Mr. Gower erreichte die Burg, die auf einem bewaldeten Felsvorsprung mit großartigem Ausblick über das Meer stand, am späten Abend. Ihm missfiel die Lage des Schlosses keineswegs, obwohl sie mit der seines eigenen Hauses nicht zu vergleichen war.

[...]

Der Name Gower war dem Burgherrn nicht unbekannt. Er war betroffen und erstaunt, erhob sich aber und begrüßte ihn mit der vollkommenen Höflichkeit des wohlerzogenen Mannes. Die Burgherrin, die der Verlust ihres Sohnes erheblich mehr getroffen hatte als den eher gefühlskalten Burgherrn, konnte nur mit Mühe an sich halten, als sie erfuhr, dass der Gast der Bruder von Henrys Rosa war.

»Euer Gnaden«, sagte Mr. Gower, sobald er sich gesetzt hatte, »es überrascht Sie vielleicht, Besuch von einem Mann zu erhalten, den zu empfangen Sie keineswegs erwarten konnten. Aber meine Schwester, meine bedauernswerte Schwester ist der eigentliche Grund für mein Eindringen. Das unglückselige Mädchen weilt nicht mehr unter uns; und obwohl *ihr* die Kenntnis nicht mehr zugute kommt, würde ich doch zur Beruhigung ihrer Familie gerne erfahren, ob der Tod des unglücklichen Paares Ihren Unmut jedenfalls so weit besänftigt hat, dass Sie ihrer Heirat, die zu erlauben Sie sich in erfreulicheren Umständen nicht durchringen konnten, jetzt zustimmen würden – vorausgesetzt, die beiden wären noch am Leben.«

Dem Burgherrn verschlug es die Sprache. Der Burgherrin ging die Erwähnung ihres Sohnes so nahe, dass sie den Raum unter Tränen verließ; der Rest der Familie, in erheblichem Zweifel, ob Mr. Gower noch bei Verstand sei, hörte weiter aufmerksam zu.

»Mr. Gower«, antwortete der Schlossherr, »das ist eine höchst merkwürdige Frage. Ich habe den Eindruck, dass Sie etwas Unmögliches voraussetzen. Niemand könnte den Tod meines Sohnes aufrichtiger betrauern als ich, und es schmerzt mich zu erfahren, dass er das Hinscheiden von Miss Gower beschleunigt hat. Wenn man aber annimmt, dass sie noch leben, dann beseitigt man zugleich den Grund, meine Einstellung zu dieser Sache zu ändern.«

»Euer Gnaden«, erwiderte Mr. Gower erzürnt, »ich sehe, dass Sie ein höchst unbeugsamer Mann sind und nicht einmal der Tod Ihres Sohnes Sie dazu veranlasst, ihm eine glückliche Zukunft zu wünschen. Ich werde Ihre Zeit nicht länger in Anspruch nehmen. Ich sehe in aller Klarheit, dass Sie ein niederträchtiger Mensch sind. Und so habe ich die Ehre, Ihnen, meine Damen und Herren, eine gute Nacht zu wünschen.«

Er verließ auf der Stelle das Zimmer, wobei er in seiner Aufgebrachtheit die späte Stunde vergaß, die ihn unter normalen Umständen vor Angst hätte erbeben lassen, und ließ die ganze Gesellschaft in der einhelligen Meinung zurück, er sei nicht ganz bei Verstand. Als er sich allerdings auf sein Pferd geschwungen hatte und die riesigen Burgtore hinter ihm zugefallen waren, wurde sein ganzer Körper von einem heftigen Zittern erschüttert.

Wenn man seine Lage bedenkt – allein, zu Pferd, so spät im Jahr wie August, so spät am Tag wie neun Uhr, ohne wegweisendes Licht außer dem fast runden Vollmond und dem Angst einjagenden Funkeln der Sterne –, wer kann ihm sein Mitleid vorenthalten? Im Umkreis einer Viertelmeile kein Haus und hinter ihm eine düstere Burg, die sich durch die tiefen Schatten von Walnussbäumen und Kiefern noch schwärzer vom Himmel abhob.

Seine Angst brachte ihn jetzt tatsächlich fast um den Verstand, und um weder von Zigeunern noch Gespenstern behelligt zu werden, ritt er mit geschlossenen Augen in vollem Galopp, bis er das Dorf erreicht hatte. Zu Hause angekommen, zog er die Glocke, aber niemand erschien; er klingelte noch einmal, aber die Tür wurde nicht geöffnet; ein drittes und viertes Mal, aber vergebens. Da bemerkte er, dass das Fenster zum Esszimmer offen stand, und so sprang er hinein und ging durch das Haus, bis er Marias Ankleidezimmer erreichte, wo er die Dienerschaft gemütlich beim Tee versammelt fand.

Von diesem ungewöhnlichen Anblick überrascht, fiel er in Ohnmacht; und beim Erwachen fand er sich auf dem Sofa, wobei die Zofe seiner Frau vor ihm kniete und ihm die Schläfen mit Kölnisch Wasser betupfte. Von ihr erfuhr er, dass seine Abreise seine geliebte Maria so betrübt hatte, dass sie drei Stunden nach seinem Abschied an gebrochenem Herzen starb.

Er erholte sich so weit, dass er jedenfalls die notwendigen Anordnungen für ihr Begräbnis geben konnte, die an dem auf diesen Sonnabend folgenden Montag stattfand. Als Mr. Gower die Feierlichkeiten für das Begräbnis organisiert hatte, brach er selbst nach Carlisle auf, um sich im Schoß seiner Familie seiner Trauer hinzugeben. Nach einer höchst ergötzlichen Reise von dreieinhalb Tagen kam er dort in bester Gesundheit und glänzender Laune an.

Aber wie groß war seine Überraschung, als er dort im Frühstückszimmer Rosa, seine geliebte Schwester Rosa auf dem Sofa sitzen sah. Bei seinem Anblick fiel sie in Ohnmacht und wäre zu Boden gestürzt, wenn nicht ein Gentleman, der mit dem Rücken zur Tür saß, geistesgegenwärtig aufgestanden wäre und sie davor bewahrt hätte, niederzusinken. Sie kam schnell wieder zu sich und stellte ihrem Bruder diesen Herrn als ihren angetrauten Ehemann Mr. Davenport vor.

»Aber meine liebe Rosa«, sagte der erstaunte Gower, »ich dachte, du wärest tot und begraben.«

»Aber mein lieber Frederic«, erwiderte Rosa, »ich habe doch nur so getan in der Hoffnung, dass du die Nachricht überall verbreitest, damit sie auf diese Weise auch Burg … erreicht. Dadurch hoffte ich die Herzen seiner Einwohner zu erweichen. Erst vorgestern erfuhr ich die Nachricht vom Tod meines geliebten Henry, die mir Mr. Davenport überbrachte, der mir sogleich seine Hand antrug. Ich nahm sie mit Begeisterung an, und wir wurden gestern getraut.«

Mr. Gower umarmte seine Schwester und schüttelte Mr. Davenport die Hand. Dann machte er sich zu einem Spaziergang in die Stadt auf. Als er an einer Gastwirtschaft vorbeikam, bestellte er sich einen Krug Bier, den ihm seine alte Freundin Mrs. Willis sogleich servierte.

[…]

Am nächsten Vormittag fand die [zwischen Mr. Gower und Mrs. Willis] Trauung statt, und unmittelbar darauf brachen sie nach Evelyn auf. Als sie zu Hause ankamen, fiel ihm ein, dass er Mr. und Mrs. Webb den Tod ihrer Tochter nie mitgeteilt hatte, der ihnen, wie er zu Recht annahm, noch unbekannt sein musste, da sie nie eine Zeitung lasen. Er schickte ihnen also sofort den folgenden Brief:

Evelyn, 19. August 1809

Verehrte gnädige Frau,

wie könnten Worte die Tiefe meines Schmerzes ausdrücken! Unsere Maria, unsere geliebte Maria ist nicht mehr; sie hauchte ihr Leben am Sonnabend, den 12. August aus. In namenlosem Schmerz beklagen Sie nun zweifellos nicht nur Ihren, sondern auch meinen Verlust. Trösten Sie sich damit, dass mir jetzt, da ich mein Glück mit der reizenden Sarah gefunden habe, nichts zu wünschen übrig bleibt.

Ich bin mit respektvollen Empfehlungen Ihr

F. Gower

Westgate Building, 22. August

Großmütiger und aufrechter Mann,

wie herzlich wir uns freuen, von Ihrem gegenwärtigen Wohlergehen und Glück zu hören! Und wie wahrhaft dankbar wir Ihnen für Ihre beispiellose Großherzigkeit sind, uns mitzuteilen, welch unglückliches Schicksal unsere Maria befiel. Ich füge Ihnen einen Scheck über dreißig Pfund bei, und Mr. Webb vereinigt sich mit mir in dem Wunsch, dass Sie und Ihre liebenswerte Sarah die Güte haben mögen, ihn anzunehmen.

Ihre höchst dankbare
Anne Augusta Webb

Mr. und Mrs. Gower lebten viele Jahre lang im Genuss vollkommener Gesundheit und belohnter Tugend. Die einzige Änderung, die in Evelyn stattfand, bestand darin, dass Mr. und Mrs. Davenport Mrs. Willis' frühere Gastwirtschaft übernahmen und viele Jahre lang die Besitzer des »Weißen Rössls« blieben.

SC 212–225 (ungekürzt)

*

Wo Leute zu gefallen suchen, sollten sie immer unwissend sein. Wer eine solide Bildung mitbringt, ist unfähig, der Eitelkeit der anderen zu schmeicheln, was ein zartfühlender Mensch immer zu vermeiden sucht. Besonders eine Frau sollte, wenn sie schon das Unglück hat, irgendetwas zu wissen, es immer so gut wie möglich verbergen. KN 121

*

»Ist es nicht zum Verzweifeln, Knightley!« rief [Mrs. Elton]. »Und dabei das ideale Wetter für Entdeckungsfahrten! […]«

»Sie sollten lieber Donwell entdecken«, erwiderte Mr. Knightley. »[…] Kommen Sie und essen Sie meine Erdbeeren, sie sind fast reif.«

[…] Mrs. Elton stürzte sich mit Entzücken auf den Plan, und ihr »Oh! Nichts würde ich lieber tun!« war in Worten so eindeutig wie in Gesten. Donwell war für seine Erdbeerbeete berühmt, was den Vorwand für die Einladung abgeben konnte, aber ein Vorwand war gar nicht nötig. Kohlbeete hätten genügt, um die Dame, die nur einen Anlass suchte, irgendwo hinzugehen, in Versuchung zu führen [...].

»Sie können sich auf mich verlassen«, sagte sie. »Ich komme bestimmt. Bestimmen Sie den Tag, und ich komme [...].

[...] Es muss eine Vormittagspartie werden, Knightley, ich bitte Sie, eine ganz schlichte Angelegenheit. Ich setze meinen großen Hut auf und trage eins meiner Körbchen am Arm. Hier – wahrscheinlich dieses Körbchen mit den rosa Schleifen. Nichts könnte schlichter sein, ich bitte Sie. Und Jane wird auch solch Körbchen tragen. Keine Umstände, nichts in großem Stil – eine Art Zigeunerparty. Wir wandern in Ihrem Park umher, pflücken selbst die Erdbeeren und sitzen unter Bäumen, und alles, was Sie sonst noch auftischen wollen, muss draußen gegessen werden. Ein Tisch wird im Schatten gedeckt, ich bitte Sie, alles so natürlich und schlicht wie möglich. Das entspricht doch auch Ihren Vorstellungen?«

»Nicht ganz, meine Vorstellung vom Schlichten und Natürlichen ist es, den Tisch im Esszimmer zu decken. Es entspricht der Natürlichkeit und Schlichtheit von Damen und Herren mit Personal und Mobiliar wohl am besten, die Mahlzeiten im

Haus einzunehmen. Wenn Sie vom Erdbeerenessen im Garten genug haben, gibt es ein kaltes Buffet im Haus.«

»Schön, wie Sie wollen, aber bitte keine große Tafel. Und übrigens, können ich oder meine Haushälterin mit unserem Urteil irgendwie nützlich sein? Seien Sie ehrlich, Knightley. Wenn ich mit Mrs. Hodges sprechen oder selbst mit meinem Rat …«

»Ich habe nicht im geringsten das Bedürfnis, ich danke Ihnen.«

»Na schön, aber wenn es irgendwelche Schwierigkeiten geben sollte – meine Haushälterin ist außerordentlich geschickt.«

»Ich verbürge mich dafür, dass meine sich mindestens für ebenso geschickt hält und jede Hilfe als Beleidigung empfinden würde.«

»Wenn wir nur einen Esel hätten! Das wäre doch was, wenn wir alle auf Eseln kämen, Jane, Miss Bates und ich, und mein caro sposo zu Fuß nebenher. Ich muss ihm wirklich sagen, dass er einen Esel kaufen soll. Für das Landleben ist er irgendwie unentbehrlich, denn selbst wenn eine Frau noch so viel inneren Reichtum hat, kann sie nicht immer zu Hause sitzen, und lange Spaziergänge machen, ich bitte Sie: Im Sommer ist es staubig und im Winter schmutzig.«

»Zwischen Donwell und Highbury stimmt beides nicht. Donwell Lane ist nie staubig und um diese Jahreszeit völlig trocken. Aber kommen Sie ruhig auf einem Esel, wenn Ihnen daran liegt. Sie können ja Mrs. Coles' Esel ausleihen. Ich möchte, dass alles so weit wie möglich Ihrem Geschmack entspricht.«

»Davon bin ich überzeugt. Ich will Ihnen Gerechtigkeit widerfahren lassen, mein lieber Freund. Ich weiß ja, dass sich unter Ihrer seltsamen rauhen Schale ein Herz von Gold verbirgt. Ich hab es Mr. E. ja immer gesagt, Sie sind ein ausgemachtes Original. Ja, glauben Sie mir, Knightley, ich weiß die Aufmerksamkeit sehr wohl zu schätzen, die Sie mir mit dieser Party erweisen wollen. Sie haben den Nagel auf den Kopf getroffen.« [...]

Zu Mr. Knightleys Freude nahmen alle die Einladung gern an. [...] Die ganze Gesellschaft [...] war nun beieinander, und Mrs. Elton mit all ihrem glückverheißenden Zubehör war gern bereit, die Führung beim Pflücken, Einsammeln und Reden zu übernehmen. Nur an Erdbeeren durfte nun gedacht, nur von Erdbeeren durfte nun gesprochen werden. »Die beste Frucht Englands ... die Lieblingsfrucht aller ... immer gesund ... Die edelsten Beete und die edelsten Sorten hier ... Selbst gepflückt, ganz herrlich ... nur *so* ein wirklicher Genuss ... Vormittags entschieden die beste Zeit ... niemals müde ... alle Sorten gut ... aber Hautboy unendlich überlegen ... gar kein Vergleich ... die anderen kaum genießbar ... Hautboy nur leider so selten ... Chili vorzuziehen ... White Wood den besten Geschmack ... Londoner Preise von Erdbeeren ... Überfülle in Bristol ... Maple Grove, ich bitte Sie ... ganze Kulturen ... Frühjahrsbestellung von Erdbeeren ... wann? ... jeder Gärtner anderer Meinung ... keine allgemein gültigen Regeln ... jeder Gärtner seine eigene Methode ... köstliche Frucht ... nur kann man nicht zu viel davon essen ... aber Kirschen schmackhafter ... Johannisbeeren viel erfrischender ... das ewige Bücken, der einzige Einwand gegen Erdbeerenpflücken ... grelle Sonne ... todmüde ... nicht länger auszuhalten ... unbedingt im Schatten sitzen.«

E 420, 422 f., 424, 426 f.

*

Wir erreichten M... in wenigen Stunden und wurden nach der gehörigen Anmeldung auf der Stelle zu Sophia, der Frau von Edwards Freund, vorgelassen. Stell dir meine Freude vor, als ich nun, nachdem ich ganze drei Wochen keine richtige Freundin gehabt hatte [...], eine vor mir sah, die den Namen wirklich verdiente. Sophia war etwas über mittelgroß und von eleganter Erscheinung. Ihre reizenden Züge strahlten eine gewisse sanfte Trägheit aus, die ihre Schönheit erhöhte. Dadurch zeichnete sie sich aus. Sie war ganz Zartgefühl und Empfindsamkeit. Wir flogen einander in die Arme, und nachdem wir Schwüre treuer Freundschaft bis ans Ende unserer Tage getauscht hatten, eröffneten wir einander auf der Stelle die tiefsten Geheimnisse unseres Herzens. Bei dieser höchst reizvollen Beschäftigung wurden wir durch den Eintritt von Augustus, Edwards Freund, unterbrochen, der gerade von einem einsamen Spaziergang zurückkam.

Niemals habe ich eine so rührende Szene wie die Wiederbegegnung von Edward und Augustus gesehen. »Mein Leben! Meine Seele!« rief der erstere. »Mein anbetungswürdiger Engel!« erwiderte der letztere, als sie sich gegenseitig in die Arme flogen. Es war zu herzzerreißend für Sophia und mich: Wir fielen abwechselnd auf dem Sofa in Ohnmacht.

Laura in *Liebe und Freundschaft*, SC 100

VI

Ein wahrer Schauplatz von Ausschweifung und Laster

Wer möchte schon durch die Welt gegangen sein, ohne gemerkt zu haben, dass so viel Verworfenheit, wie man der gesamten Menschheit nicht zugetraut hätte, manchmal in einer einzigen Person vereinigt ist. SV 255

*

Es ist eine Kleinigkeit, sich das Leben unerträglich zu machen. Elizabeth Bennet, SV 66

*

»Mein Vater war ein recht wohlhabender Gentleman in Berkshire; ich und ein paar andere waren seine einzigen Kinder. Ich war erst sechs Jahre alt, als ich das Unglück hatte, meine Mutter zu verlieren; und da ich damals jung und zartbesaitet war, schickte mein Vater mich nicht zur Schule, sondern stellte eine fähige Gouvernante ein, die meine Erziehung im Vaterhaus betreuen sollte […].

Miss Dickins war eine ausgezeichnete Gouvernante. Sie führte mich auf den Pfad der Tugend; unter ihrer Anleitung wurde ich täglich liebenswerter und hätte sicher bald den höchsten Grad der Vollkommenheit erreicht, wenn meine würdige Lehrerin nicht meinen Armen entrissen worden wäre, bevor ich mein siebzehntes Lebensjahr erreicht hatte. Ich werde ihre letzten Worte nie vergessen. ›Meine liebe Kitty‹, sagte sie, ›ich wünsch' dir gut' Nacht.‹ Ich sah sie nie wieder«, fuhr Lady Williams fort und trocknete ihre Tränen. »Sie brannte noch in derselben Nacht mit dem Butler durch.« *Jack and Alice*, SC 21 f.

*

Eines Tages öffnete Sophia zufällig eine private Schatulle in Macdonalds Bibliothek mit einem ihrer eigenen Schlüssel und entdeckte, dass er hier seine wichtigen Papiere aufbewahrte, und darunter auch einige Banknoten von erheblichem Wert. Die Entdeckung teilte sie mir mit; und da wir uns einig waren, dass es einem so niederträchtigen Schuft wie Macdonald nur recht geschehe, wenn man ihn um sein womöglich auf unehrliche Weise erworbenes Geld erleichtere, beschlossen wir, der Schatulle eine oder mehrere Banknoten zu entnehmen, wenn eine von uns sich zufällig wieder einmal in dem Zimmer aufhalten sollte.

Diesen vorteilhaften Plan hatten wir schon mehrmals erfolgreich in die Tat umgesetzt, aber ach! am

Tag […], als Sophia heldenmütig die fünfte Banknote aus der Schatulle nahm und in ihre eigene Geldbörse steckte, wurde sie plötzlich und auf unverschämte Weise durch den Eintritt ausgerechnet Macdonalds in ihrer Beschäftigung gestört. Sophia (obwohl von Natur ganz gewinnende Sanftmut, konnte, wenn die Gelegenheit es erforderte, durchaus auf der Würde ihres Geschlechtes bestehen) setzte unverzüglich eine strenge Miene auf und verlangte, wobei sie dem unerschrockenen Eindringling einen wütenden Blick zuwarf, in gebieterischem Ton zu wissen, weshalb er ihre Ruhe auf so unerhörte Weise gestört habe. Ohne auch nur den Versuch zu unternehmen, das ihm vorgeworfene Verbrechen zu rechtfertigen, nahm sich der schamlose Macdonald nun seinerseits heraus, Sophia den skandalösen Vorwurf zu machen, ihn auf unrechtliche Weise um sein Geld zu betrügen. Sie war in ihrer Würde verletzt.

»Schurke«, rief sie, indem sie schnell die Banknote in die Schatulle zurücklegte, »wie können Sie es wagen, mich einer Handlung anzuklagen, deren bloßer Gedanke mich schon erröten lässt?«

Der schamlose Schurke war immer noch nicht überzeugt und fuhr fort, die vollkommen zu Recht empörte Sophia in solch bodenloser Sprache zu beschimpfen, dass er zu guter Letzt ihre von Natur zur Nachgiebigkeit neigende Sanftheit so unerhört reizte, dass sie sich zur Rache herausgefordert fühlte […].

In dieser Phase ihrer Auseinandersetzung betrat ich das Zimmer und war […] ganz wie Sophia von den unbegründeten Anschuldigungen des böswilligen und verachtenswerten Macdonald betroffen. »Gemeiner Schuft«, rief ich, »wie können Sie es wagen, so rücksichtslos den makellosen Ruf einer so strahlenden Reinheit zu beflecken? Warum verdächtigen Sie dann nicht auch gleich mich der Mittäterschaft?«

»Seien Sie unbesorgt, Madam«, erwiderte er, »ich verdächtige Sie durchaus und muss Sie deshalb beide bitten, spätestens in einer halben Stunde mein Haus zu verlassen.« […]

Sobald wir unsere Garderobe und unsere Wertsachen eingepackt hatten, verließen wir Macdonald Hall und setzten uns nach einer Wanderung von anderthalb Meilen am Ufer eines klaren, durchsichtigen Baches nieder, um unsere erschöpften Glieder auszuruhen. Der Ort war zum Nachdenken wie geschaffen. Ein Hain aus hochgewachsenen Ulmen schützte uns nach Osten; ein Beet aus hochgewachsenen Disteln schirmte uns nach Westen. Vor uns rauschte der Bach, und hinter uns rauschte der Verkehr auf der Landstraße. Wir waren in nachdenklicher Stimmung und durchaus dazu aufgelegt, ein so schönes Fleckchen Erde zu genießen. Das Schweigen, das eine Zeit lang zwischen uns geherrscht hatte, wurde schließlich durch meinen Ausruf unterbrochen:

»Was für eine liebliche Szenerie! Ach, warum sind nicht Edward und Augustus hier, um ihre Schönheit mit uns zu genießen?«

»Ach, meine geliebte Laura«, rief Sophia, »um der Barmherzigkeit willen, ruf mir nicht die unglückliche Lage meines eingekerkerten Mannes ins Gedächtnis zurück! Was gäbe ich nicht, das Schicksal meines Augustus zu erfahren! Zu wissen, ob er noch in Newgate sitzt oder schon am Galgen hängt! Aber leider wird mir meine Überempfindlichkeit niemals erlauben, mich nach ihm zu erkundigen. Ach nein, ich beschwöre dich, sprich nie wieder seinen geliebten Namen vor mir aus. Es greift mich zu sehr an. Ich kann ihn nicht nennen hören, es schmerzt mich zu sehr.«

»Verzeih mir, meine Sophia, dass ich dich unwillentlich so verletzt habe«, erwiderte ich und bat sie, den Gegenstand wechselnd, die edle Majestät der Ulmen zu bewundern, die uns vor dem östlichen Zephir schützten.

»Ach, meine Laura«, erwiderte sie, »vermeide doch um Himmels willen ein so trübseliges Thema. Verletze nicht wieder mein Zartgefühl durch Bemerkungen über die Ulmen. Sie erinnern mich an Augustus. Er war wie sie: würdevoll. Er besaß die edle Majestät, die du an ihnen bewunderst.«

Ich schwieg aus Furcht, ihr unwillentlich durch Gesprächsthemen, die sie an Augustus erinnern konnten, noch mehr Kummer zuzufügen.

»Warum sagst du nichts, meine Laura?« bemerkte sie nach kurzer Pause. »Ich kann dieses Schweigen nicht ertragen, du darfst mich nicht meinen eigenen Gedanken überlassen; sie kehren immer wieder zu Augustus zurück.«

»Was für ein wundervoller Himmel!« sagte ich. »Wie reizvoll wechselt dort das azurne Blau mit zarten Streifen Weiß!«

»Ach, meine Laura«, erwiderte Sophia, warf einen flüchtigen Blick zum Himmel und wandte ihn dann wieder ab. »Quäl mich doch nicht so! Wie kannst du meine Aufmerksamkeit auf einen Gegenstand lenken, der mich so grausam an Augustus' blauweiß gestreifte Satinweste erinnert. Berühre doch aus Mitleid mit deiner armen Freundin nicht ein so schmerzliches Thema.«

Was konnte ich tun? Übersensibel, wie sie war, war Sophias seelische Verfassung damals so angegriffen und ihr Schmerz um Augustus so akut, dass ich aus Furcht, auf irgendeine unvorhergesehene Weise ihrer hochempfindlichen Natur zu nahe zu treten, wenn ich ihre Gedanken auf ihren Mann lenkte, nicht wagen durfte, überhaupt ein Gespräch zu beginnen. Aber Schweigen wäre grausam gewesen; sie hatte mich gebeten zu sprechen.

Aus diesem Dilemma befreite mich glücklicherweise ein höchst willkommener Unfall. Auf der summenden Straße hinter uns stürzte der leichte Wagen eines Gentlemans um. Es war ein ausgesprochen glücklicher Unfall, da er Sophias Aufmerksamkeit von den trübseligen Betrachtungen ablenkte, denen sie sich vorher hingegeben hatte. Wir erhoben uns sofort und liefen denen zu Hilfe, die nur ein paar Augenblicke vorher noch sozusagen ›auf stolzen Rossen‹ in einer modisch eleganten und gut gefederten Kalesche gesessen hatten, aber nun, gefällt wie eine Eiche, im Staub lagen.

»Wie regen nicht dieser umgestürzte Wagen und das Leben Kardinal Wolseys ein tiefer veranlagtes Gemüt zum Nachdenken über die ungewissen Freuden dieser Welt an!« sagte ich zu Sophia, als wir dem Kampfplatz entgegeneilten.

Sie hatte nicht Zeit, mir zu antworten, denn unsere Aufmerksamkeit wurde nun ganz von dem grässlichen Schauspiel vor unseren Augen in Anspruch genommen. Zwei höchst elegant gekleidete Gentlemen zogen zuerst unsere Blicke auf sich. Wir näherten uns ihnen – es waren Edward und Augustus! Ja, liebste Marianne, es waren unsere Ehemänner.

Sophia kreischte und fiel zu Boden. Ich schrie und wurde wahnsinnig. So blieben wir beide minutenlang unserer Sinne beraubt, und als wir wieder zu uns kamen, verließen sie uns gleich wieder. Ein und eine Viertelstunde lang dauerte dieser unglückselige Zustand: Sophia fiel immer wieder in Ohnmacht, und ich wurde immer wieder wahnsinnig. Schließlich brachte uns ein Stöhnen des hilflosen Edward [...] zu Sinnen. Hätten wir vorher annehmen können, dass einer von ihnen noch am Leben sein würde, dann wären wir mit unserem Schmerz sicher etwas sparsamer umgegangen; aber da wir beim ersten Anblick der Meinung gewesen waren, dass sie dahin waren, blieb uns nichts anderes übrig, als uns so aufzuführen.

Kaum hatten wir deshalb das Stöhnen meines geliebten Edwards vernommen, da verschoben wir fürs erste unsere Klagen, eilten zu dem geliebten jungen Mann, knieten jede an einer Seite von ihm nieder und flehten ihn an, nicht zu sterben.

»Laura«, sagte er, indem er seine nun brechenden Augen auf mich richtete, »ich fürchte, die Kalesche ist umgestürzt.« Ich war überglücklich, ihn bei Bewusstsein zu finden.

»Ach, sag mir, Edward«, rief ich, »sag mir, bevor du stirbst, ich flehe dich an, was euch zugestoßen ist seit dem unglückseligen Tag, an dem man Augustus verhaftete und wir getrennt wurden.«

»Das will ich«, sagte er, seufzte tief und verschied. Sophia fiel auf der Stelle wieder in Ohnmacht. *Mein* Schmerz war vernehmlicher, meine Stimme stockte, meine Augen starrten ins Leere, mein Gesicht wurde blass wie der Tod, und meine Sinneswahrnehmungen waren entschieden beeinträchtigt.

»Sprich mir nicht von Kaleschen«, sagte ich und irrte fantasierend und Unzusammenhängendes faselnd umher. »Reich mir eine Geige. Ich will ihm etwas vorspielen und ihm seine trübseligen Stunden versüßen. Bewahrt euch, ihr sanften Nymphen, vor Amors scharfen Pfeilen, bergt euch vor Jovis' verletzendem Geschoss. Sieh dort, den Fichtenhain, ich sehe eine Hammelkeule, man sagt mir, er sei nicht tot, aber man will mich täuschen, man hat ihn verwechselt – mit einer Gurke.« So bejammerte ich in lautem Wehklagen Edwards Tod [...].

Obwohl der Tod meines Vaters, meiner Mutter und meines Mannes meine zarte Konstitution fast schon überfordert hatten, war das im Vergleich zu dem Missgeschick, das ich nun erzählen muss, ein bloßes Kinderspiel. Am Morgen nach unserer Ankunft in dem Häuschen klagte Sophie über einen heftigen Schmerz in ihren zarten Gliedern, der von unangenehmem Kopfweh begleitet war. Sie führte ihn auf eine Erkältung zurück, die sie sich am Abend vorher während ihrer ständigen Ohnmachtsanfälle an der frischen Luft zugezogen hatte, als der Abendtau sich senkte [...]. Ihre Krankheit machte mir große Sorge, denn so unbedeutend sie dir vorkommen mag – mir flüsterte mein instinktives Zartgefühl zu, dass sie am Ende ihren Tod bedeuten würde.

Ach, meine Befürchtungen waren nur zu berechtigt [...]. Ihre Schwäche verwandelte sich in galoppierende Schwindsucht und raffte sie innerhalb weniger Tage dahin [...].

»Meine liebste Laura«, sagte sie ein paar Stunden vor ihrem Tod zu mir, »lass dir mein unglückliches Ende eine Warnung sein und vermeide das unkluge Verhalten, das schuld daran ist. Hüte dich vor Ohnmachtsanfällen. Obwohl sie bei passender Gelegenheit durchaus erfrischend und wohltuend sind, zerrütten sie doch die Gesundheit, wenn man sie übertreibt und sich ihnen zur falschen Jahreszeit hingibt … Mein Schicksal soll dir eine Lehre sein … Ich sterbe als Märtyrerin des Schmerzes über den Verlust meines Augustus … Eine unheilvolle Ohnmacht kostete mich das Leben … Hüte dich vor Ohnmachten, meine Laura … Ein Wahnsinnsanfall ist bei weitem nicht so schädlich … Er ist ein Labsal für den Körper und in Maßen auf lange Sicht ausgesprochen gesundheitsfördernd … Werde wahnsinnig, sooft du willst, aber falle nicht in Ohmacht.«

Liebe und Freundschaft, SC 111–119

*

Selbstsucht muss man immer verzeihen, weil es keine Hoffnung gibt, sie zu heilen.

Mary Crawford in MP 86

*

Brief einer jungen Dame, deren überwältigende Gefühle ihre Urteilskraft beeinträchtigten und sie dadurch zu einer Reihe von Fehlern verleiteten, die ihr Herz nicht billigte

Zahlreich sind die Mühen und Wechselfälle meines bisherigen Lebens, meine liebe Ellinor, und in meiner Verbitterung darüber besteht mein einziger Trost darin, dass ich bei genauerer Betrachtung meines Verhaltens überzeugt bin, nichts Besseres verdient zu haben. Schon in meiner frühen Jugend habe ich meinen Vater ermordet, dann habe ich meine Mutter getötet, und jetzt werde ich meine Schwester umbringen.

Ich habe meine Religion so oft gewechselt, dass mir keinerlei religiöse Gefühle mehr geblieben sind. Ich habe als Zeugin bei allen öffentlichen Gerichtsverhandlungen der vergangenen zwölf Jahre Meineide geschworen und mein eigenes Testament gefälscht. Kurz und gut, es gibt kaum ein Verbrechen, das ich nicht begangen habe – aber jetzt bin ich entschlossen, mich zu bessern. Oberst Martin von der berittenen königlichen Garde hat mir die Ehe angetragen, und wir wollen uns in einigen Tagen trauen lassen. Da unsere Liebesbeziehung einzigartig ist, will ich dir einen kurzen Bericht davon geben.

Oberst Martin ist der zweite Sohn des verblichenen Sir John Martin, der unermesslich reich verstarb, aber den größten Teil seines Vermögens, ungefähr acht Millionen, dem nunmehrigen Sir Thomas vermacht hat, wohingegen er seinen drei jüngeren Kindern nur jeweils einhunderttausend Pfund vererbte.

Von diesem Hungergeld lebte Oberst Martin fast vier Monate einigermaßen sorgenfrei, bevor er sich in den Kopf setzte, das ganze Erbe seines älteren Bruders an sich zu bringen. Ein gefälschtes Testament wurde aufgesetzt und dem Gericht präsentiert – aber niemand außer dem Oberst war bereit, seine Echtheit zu beschwören, denn er hatte schon so viele Meineide geleistet, dass keiner ihm glaubte. Zufällig ging ich in diesem Augenblick an der Tür des Gerichtssaals vorüber; der Richter bat mich herein und erzählte dem Oberst, ich sei die Dame, die um der Gerechtigkeit willen bereit sei, jeden beliebigen Schwur zu leisten, und legte ihm deshalb nahe, sich doch an mich zu wenden. Kurz und gut, die Sache war bald erledigt. Der Oberst und ich beschworen die Gültigkeit des Testaments, und Sir Thomas wurde gezwungen, sich von seinem unrechtmäßig erworbenen Reichtum zu trennen. Der dankbare Oberst machte mir am nächsten Tag seine Aufwartung und hielt dabei um meine Hand an – und jetzt werde ich meine Schwester umbringen.

Auf ewig
Deine
Anna Parker

SC 206 f. (ungekürzt)

*

Interessantheit wird manchmal teuer erkauft.

SV 172

*

Es wäre vernichtend für viele Damen, wenn man ihnen begreiflich machen könnte, wie wenig die Liebe der Männer von dem beeinflusst wird, was an der Ausstattung der Frauen kostspielig oder neu ist; wie wenig die Männer eine Schwäche für Punkte und Streifen, Wolle und Seide begreifen können. Eine Frau schmückt sich nur zu ihrem eigenen Vergnügen. Kein Mann bewundert sie deshalb mehr, keine Frau kann sie deshalb besser leiden. Schlichtheit und Eleganz genügen *ihm*, und ein bisschen Schäbigkeit und Abgeschmacktheit sieht *sie* mit Freude. KN 77 f.

*

»Ich fürchte, [...] dass das Vergnügliche einer Beschäftigung nicht unbedingt ihre Schicklichkeit garantiert.« Elinor in VG 81

*

Ich muss mich tausendmal entschuldigen, meine liebe Peggy, dass ich mich noch nicht für deinen freundlichen Brief bedankt habe, aber ich hätte die Antwort nicht so lange hinausgeschoben, wenn nicht jede Minute meiner Zeit während der letzten fünf Wochen durch die nötigen Vorbereitungen für die Hochzeit meiner Schwester zu ausgefüllt gewesen wären, als dass ich Zeit gehabt hätte, mich dir oder mir selbst zu widmen. Und was mich nun ganz besonders in Rage bringt, ist, dass die Verbindung gar nicht zustande kommt und meine ganze Mühe umsonst war. Du kannst dir vorstellen, wie groß meine Enttäuschung war, wenn du bedenkst, dass ich Tag und Nacht geschuftet hatte, um das Hochzeitsdiner rechtzeitig servieren zu können, dass ich so viel Rind gebraten, Lamm geschmort und Huhn gekocht hatte, dass das Brautpaar noch für die gesamte Hochzeitsreise genug zu essen gehabt hätte. Statt dessen musste ich dann zu meinem Entsetzen feststellen, dass ich sowohl das Fleisch wie mich selbst völlig umsonst gebraten, geschmort und gekocht hatte.

Ja, meine liebe Freundin, nichts hat mir in meinem Leben größeren Ärger bereitet, als dass meine Schwester am letzten Montag mit einem Gesicht so weiß wie Schlagsahne zu mir in die Vorratskammer gelaufen kam und mir erzählte, dass Hervey vom Pferd gestürzt sei, einen Schädelbruch erlitten habe und sich nach Aussage des Arztes in höchster Lebensgefahr befinde.

»Großer Gott! (sagte ich) Was du nicht sagst! Was um alles in der Welt machen wir nun bloß mit den vielen Speisen? Sie aufzuessen, bevor sie schlecht werden, schaffen wir nie. Aber wir werden den Arzt zum Essen bitten. Ich schaffe den Rinderbraten, meine Mutter kann die Suppe essen, und du und der Arzt müssen alles Übrige übernehmen.«

Hier wurde ich unterbrochen, denn meine arme Schwester sank, anscheinend ohnmächtig, auf die Truhe nieder, in der wir unsere Tischdecken aufbewahren. Ich rief umgehend meine Mutter und die Hausmädchen, und schließlich brachten wir sie wieder zu Bewusstsein. Sobald sie zu sich kam, wollte sie auf ihrer Absicht bestehen, augenblicklich zu Henry zu gehen, und sie war so wild entschlossen, diesen Vorsatz auszuführen, dass wir die allergrößte Mühe hatten, sie daran zu hindern. Schließlich aber überzeugten wir sie mehr mit Gewalt als durch Bitten, lieber in ihr Zimmer zu gehen. Wir legten sie auf ihr Bett, wo sie sich einige Stunden lang in Zuckungen wälzte.

Meine Mutter und ich blieben bei ihr, und immer wenn ein Nachlassen von Eloisas Krämpfen es zuließ, brachen wir gemeinsam in herzzerreißende Klagen über die sinnlose Vergeudung von Lebensmitteln aus, die das Ereignis zwangsläufig mit sich brachte, und schmiedeten Pläne, was wir damit anfangen sollten. Wir kamen überein, dass es am besten sei, sofort mit dem Essen zu beginnen, und dementsprechend ließen wir uns den kalten Braten und das Geflügel bringen und machten uns mit gewaltigem Appetit darüber her. Wir hätten Eloisa gerne dazu überredet, auch ein Hühnerbein zu sich zu nehmen, aber sie weigerte sich beharrlich. Sie hatte sich unterdessen allerdings einigermaßen beruhigt; die Krämpfe, unter denen sie bisher gelitten hatte, waren einer fast vollständigen Lethargie gewichen. Wir versuchten, sie auf jede erdenkliche Weise aufzumuntern, aber umsonst. Ich fing an, von Henry zu reden.

»Liebe Eloisa (sagte ich), es gibt doch wirklich keinen Grund, über so eine Bagatelle zu weinen (denn mir lag daran, die Sache herunterzuspielen, um sie zu trösten). Nimm es dir nicht zu sehr zu Herzen. Du siehst doch, mir macht es gar nichts aus, obwohl ich letzten Endes am meisten darunter zu leiden habe, denn ich bin nun nicht nur verpflichtet, alles schon Gekochte selbst aufzuessen, sondern ich muss, sollte Hervey genesen (was aber nicht wahrscheinlich ist), dasselbe noch einmal zubereiten; sollte er allerdings sterben (was wahrscheinlich ist), dann muss ich wieder ein Diner vorbereiten, wenn du jemand anderen heiratest. Du siehst also, obwohl dir vielleicht im Moment Herveys Leiden Kummer bereitet, wird er vermutlich doch bald sterben, und dann hat er ausgelitten und du kannst aufatmen, während ich mich erheblich länger quälen muss, weil ich bei aller Anstrengung die Vorratskammer frühestens in vierzehn Tagen leeren kann.«

Auf diese Weise tat ich alles in meiner Kraft Stehende, um sie zu trösten, aber vergeblich, und als ich schließlich merkte, dass sie mir gar nicht zuhörte, sagte ich nichts mehr, sondern ließ meine Mutter bei ihr, nahm Braten und Geflügel und schickte William zu Hervey, um sich nach seinem Befinden zu erkundigen. Er hatte nur noch Stunden zu leben und starb am selben Tag. *Burg Lesley*, SC 131–133

*

Wir haben vor, eine verlässliche Köchin und ein leichtsinniges junges Hausmädchen sowie einen gesetzten Mann mittleren Alters einzustellen, der die Doppelfunktion erfüllen soll, der Ehemann der einen und der Liebhaber der anderen zu sein.

L 99, 3. Januar 1801

*

Erbschaften sind eine höchst bekömmliche Kost.

L 188, 15. Juni 1808

*

Mrs. John Dashwood billigte ganz und gar nicht, was ihr Mann für seine Schwestern zu tun beabsichtigte. Das Vermögen ihres lieben kleinen Jungen um dreitausend Pfund zu schmälern, würde ihn auf den trostlosesten Grad von Armut reduzieren! Sie drang in ihren Mann, sich die Sache noch einmal zu überlegen. Wie konnte er es vor sich selbst verantworten, sein Kind, und noch dazu sein einziges Kind, einer solchen riesigen Summe zu berauben? Und welchen Anspruch an seine Großzügigkeit auf eine so große Summe hatten denn die Miss Dashwood überhaupt, die doch nur seine Stiefschwestern waren, was sie als Verwandtschaftsbeziehung gar nicht gelten ließ? Alle Welt wusste doch, dass von Anhänglichkeit zwischen den Kindern eines Mannes aus verschiedenen Ehen keine Rede sein konnte, und warum wollte er sich und ihren armen kleinen Harry ruinieren und all sein Geld an seine Stiefschwestern verschenken?

»Es war meines Vaters letzter Wunsch an mich«, erwiderte ihr Mann, »dass ich seiner Witwe und seinen Töchtern beistehe.«

»Er wusste doch gar nicht, was er sagt. Zehn zu eins, er war zu der Zeit gar nicht mehr zurechnungsfähig. Wäre er bei Sinnen gewesen, dann wäre er gar nicht darauf gekommen, dir zuzumuten, das halbe Vermögen deines eigenen Kindes zu verschenken.«

»Er hat auf keiner bestimmten Summe bestanden, meine liebe Fanny, er hat mich nur ganz allgemein gebeten, ihnen beizustehen und ihnen das Leben angenehmer zu machen, als er es vermochte. Vielleicht hätte er die Angelegenheit lieber ganz und gar mir überlassen. Er konnte sich ja denken, dass ich sie nicht zu kurz kommen lassen würde. Aber da er auf dem Versprechen bestand, konnte ich es ihm schlecht abschlagen – jedenfalls schien es mir damals so. Nun ist das Versprechen einmal gegeben und muss gehalten werden. Es muss etwas für sie getan werden, wenn sie Norland einmal verlassen und sich in einem neuen Haus einrichten sollten.«

»Also gut, dann soll eben etwas für sie getan werden, aber dieses Etwas braucht doch keine dreitausend Pfund zu sein. Bedenke doch«, fügte sie hinzu, »wenn man sich erst einmal von dem Geld getrennt hat, ist es ein für allemal verloren. Deine Schwestern werden heiraten, und dann bist du es für immer los. Wenn man es allerdings unserem armen kleinen Jungen wieder zukommen lassen könnte …«

»Allerdings«, sagte ihr Mann sehr nachdenklich, »dann sähe die Sache ganz anders aus. Vielleicht kommt einmal der Zeitpunkt, wo Harry es bedauert, dass wir uns von einer so großen Summe getrennt haben. Sollte er zum Beispiel eine zahlreiche Familie haben, dann wäre dieses Geld eine sehr willkommene Ergänzung.«

»Allerdings.«

»Vielleicht wäre es dann für alle Beteiligten besser, wenn man die Summe um die Hälfte verringerte. Fünfhundert Pfund wären ein beträchtlicher Zuwachs ihres Vermögens.«

»Oh, über alle Maßen! Welcher Bruder würde auch nur halb soviel für seine Schwestern tun, selbst wenn sie seine richtigen Schwestern wären! Und wie die Dinge liegen – nur Stiefschwestern! Aber du bist von Natur so großzügig.«

»Ich möchte auf keinen Fall kleinlich sein«, entgegnete er. »Man tut bei solchen Gelegenheiten lieber zu viel als zu wenig. Wenigstens kann niemand behaupten, ich hätte nicht genug für sie getan [...].«

»Was *sie* erwarten, das weiß man nie«, sagte die Gemahlin, »[...] Die Frage ist, was du erübrigen kannst.«

»Natürlich, und ich glaube, ich kann fünfhundert Pfund für jede erübrigen. Wie die Dinge liegen, wird jede ohne meine Unterstützung beim Tod ihrer Mutter mehr als dreitausend Pfund haben – ein sehr anständiges Vermögen für eine junge Frau.«

»Allerdings, und wenn ich es recht bedenke, dann finde ich, dass sie deine Unterstützung gar nicht brauchen. [...] Wenn sie heiraten, machen sie bestimmt eine gute Partie, und wenn nicht, dann können sie alle zusammen sehr anständig von den Zinsen ihrer zehntausend Pfund leben.«

»Eigentlich hast du recht, und deshalb weiß ich nicht, ob es alles in allem nicht ratsamer wäre, etwas für die Mutter zu ihren Lebzeiten statt für die Mädchen zu tun – ich denke an so etwas wie eine Leibrente. […] Mit einhundert Pfund pro Jahr hätten sie ein ausgesprochen anständiges Auskommen.«

Seine Frau zögerte jedoch ein wenig, diesem Plan ihre Zustimmung zu geben.

»Allerdings«, sagte sie, »das ist besser, als sich auf einmal von fünfzehnhundert Pfund zu trennen. Aber was, wenn Mrs. Dashwood noch fünfzehn Jahre lebt, dann sind wir ganz und gar die Dummen.«

»Fünfzehn Jahre! Meine liebe Fanny, ihr Leben kann doch höchstens halb so lange dauern.«

»Sicher, aber achte einmal darauf: Leute leben immer ewig, wenn es darum geht, ihnen eine Leibrente zu zahlen. Und sie ist […] noch keine vierzig. […] Ich habe eine Menge Ärger mit Leibrenten erlebt, denn für meine Mutter war die im Testament meines Vaters festgelegte Zahlung an drei alte, arbeitsunfähige Diener ein wahrer Klotz am Bein […]. Meine Mutter war die Sache gründlich leid. […] Und es war umso rücksichtsloser von meinem Vater, als das Geld meiner Mutter sonst ausschließlich zur Verfügung gestanden hätte […]. Ich habe seitdem einen solchen Horror vor Leibrenten, dass ich mich um nichts in der Welt auf eine solche Zahlung festnageln lassen würde.«

»Es ist zweifellos eine unangenehme Sache«, erwiderte Mr. Dashwood, »[…] Es raubt einem die Unabhängigkeit.«

»Zweifellos, und man erntet noch nicht einmal

Dank dafür. *Sie* haben ausgesorgt, du hast ja nur deine Pflicht getan [...]. Wenn ich du wäre, würde ich mir bei allem, was ich täte, völlige Handlungsfreiheit bewahren. Ich würde mich nicht darauf festlegen, ihnen jährlich etwas zukommen zu lassen [...].«

»Ich glaube, du hast recht, mein Schatz. Es ist wohl besser, wenn von einer Leibrente gar nicht die Rede ist. Wenn ich ihnen von Zeit zu Zeit etwas gebe, kommt ihnen das mehr zugute als eine jährliche Rente, denn ihr Lebensstil würde nur aufwendiger werden [...]. Hin und wieder ein Geschenk von fünfzig Pfund wird sie, glaube ich, vor allen Geldsorgen bewahren und das Versprechen meinem Vater gegenüber voll und ganz erfüllen.«

»Allerdings. Ja, um die Wahrheit zu gestehen, ich bin innerlich davon überzeugt, dass dein Vater gar nicht daran gedacht hat, dass du ihnen überhaupt Geld gibst. Die Unterstützung, die er im Sinn hatte, bezog sich bestimmt nur auf das, was im Rahmen des Vernünftigen von dir erwartet werden kann. Zum Beispiel, sich nach einem kleinen Haus für sie umzusehen, ihnen beim Umzug zu helfen und Fisch und Wild und so weiter als Geschenk zu schicken [...]. Sie haben doch keine Ausgaben. Ihr Lebensunterhalt ist nicht der Rede wert [...]. Denk doch nur, wie anständig sie leben können! Fünfhundert pro Jahr! Ich kann mir gar nicht vorstellen, wie sie auch nur die Hälfte davon ausgeben wollen. Und was den Zuschuss von dir angeht, so ist der Gedanke daran absurd. Viel eher könnten sie dir etwas abgeben.«

»Tatsächlich«, sagte Mr. Dashwood, »ich glaube, du hast völlig recht [...].«

»Natürlich«, entgegnete Mrs. John Dashwood. »Aber wie auch immer, eins darf man nicht vergessen. Als dein Vater und deine Mutter nach Norland zogen, wurden zwar die Möbel von Stanhill verkauft, aber das ganze Geschirr, Silber und die ganze Tisch- und Bettwäsche wurden behalten, und nun hat sie deine Mutter geerbt [...].«

»Das ist zweifellos ein wesentlicher Gesichtspunkt. Eine wahrhaft wertvolle Erbschaft! Und einiges von dem Silber wäre eine sehr erfreuliche Ergänzung unserer eigenen Sammlung hier gewesen.«

»[...] Dein Vater hat nur an *sie* gedacht. Und eins muss ich noch betonen: du brauchst ihm weder besonders dankbar zu sein noch auf seine Wünsche Rücksicht zu nehmen, denn wir wissen genau, wenn er gekonnt hätte, hätte er fast alles, was er hatte, *ihnen* hinterlassen.«

Dieses Argument war unwiderlegbar. Es gab seinen Absichten die Entschlossenheit, die ihnen bisher noch gefehlt hatte, und er war schließlich überzeugt, dass es völlig unnötig, wenn nicht höchst ungehörig war, der Witwe und den Kindern seines Vaters mehr zu helfen als durch solche Gesten nachbarlichen Wohlwollens, wie seine eigene Frau sie angedeutet hatte. VG 11–17

*

Selten, sehr selten kommt bei menschlichen Enthüllungen die ganze Wahrheit ans Licht [...]. E 514

VII

Fantasie ist alles

Ein Künstler kann sich Liederlichkeiten nicht erlauben. L 30, 17. November 1798

*

Viel konnte man vom Verkehr selbst im lebhaftesten Teil von Highbury nicht erwarten: Mr. Perry im Vorüberhasten, Mr. William Cox beim Aufschließen der Bürotür, Mr. Coles Pferde auf dem Rückweg vom täglichen Auslauf oder ein Botenjunge auf einem widerspenstigen Esel waren die aufregendsten Dinge, mit denen zu rechnen war, und als [Emma] nur den Fleischer mit seinem Tablett, eine sauber gekleidete alte Frau mit einem vollen Korb auf dem Nachhauseweg, zwei um einen Knochen streitende Köter und einen Haufen Kinder betrachtete, die vor den Lebkuchenmännern im kleinen Rundfenster des Bäckerladens herumstanden, wusste sie, dass sie keinen Grund hatte, sich zu beklagen, und sie genoss die Szene, genoss sie so, dass sie in der Tür stehenblieb. Ein lebhaftes und unbefangenes Gemüt kann sich mit einem bloßen Nichts beschäftigen, und es gibt nichts, wodurch es nicht unterhalten wird. E 275

*

Nein, nein, ich bin nie zu beschäftigt, um an V & G [*Verstand und Gefühl*] zu denken. Ich kann das Buch so wenig vergessen, wie eine Mutter ihren Säugling vergessen kann. L 272, 25. April 1811

*

Drei oder vier Familien in einem Dorf auf dem Lande, das ist der ideale Romanstoff.

L 401, an Anna Austen, 9. August 1814

*

[James Clark, der Sekretär des Prinzregenten, an Jane Austen, 27. März 1816; Prinz Leopold von Sachsen-Coburg-Gotha hatte die britische Thronfolgerin Charlotte geheiratet:

»Wenn wieder etwas von Ihnen im Druck erscheint, steht es Ihnen frei, Ihre Bände Prinz Leopold zu widmen. Ein historischer Liebesroman, der die Geschichte des erhabenen Hauses Coburg behandelt, wäre jetzt äußerst angebracht.«]

Ihre Hinweise auf die Art Werk, die mir im Augenblick nützlich sein könnte, sind äußerst liebenswürdig, und ich glaube gern, dass ein historischer Liebesroman über das Haus Coburg profitabler und populärer wäre als die häuslichen Szenen auf dem Lande, mit denen ich mich beschäftige. Aber ich könnte einen Liebesroman ebenso wenig schreiben wie ein Versepos. Höchstens unter dem Zwang, mein Leben zu retten, könnte ich mich ernsthaft hinsetzen und einen ernstgemeinten Liebesroman schreiben; und wenn ich gezwungen wäre, daran weiterzuarbeiten, und mich niemals durch Gelächter entspannen dürfte, dann müsste man mich eben aufhängen. Nein, ich muss bei meinem Metier bleiben und meinen eigenen Weg gehen, auch wenn mir Erfolg dabei nie wieder zuteil wird; auf jede andere Weise würde ich meiner Meinung nach unweigerlich scheitern.

JA 374f., an James Clarke, 1. April 1816

*

Der Gedanke, dass Sie mich für fähig halten, einen Geistlichen zu zeichnen, wie Sie ihn [...] entworfen haben, ehrt mich. Aber ich versichere Ihnen, ich bin es durchaus nicht. Den komischen Zügen einer solchen Persönlichkeit wäre ich vielleicht gewachsen, aber nicht den guten, den begeisterten, den literarischen. Die Unterhaltung eines solchen Mannes muss gelegentlich Themen aus Wissenschaft und Philosophie berühren, über die ich nichts weiß; oder jedenfalls muss er manchmal eine Fülle von Zitaten und Anspielungen verwenden, denen eine Frau wie ich, die nur ihre eigene Muttersprache kennt und in ihr nur wenig gelesen hat, durchaus nicht gewachsen wäre. Eine klassische Bildung oder jedenfalls eine ausgedehnte Kenntnis der älteren und neueren englischen Literatur scheint mir ganz und gar unerlässlich für denjenigen, der Ihrem Geistlichen Gerechtigkeit widerfahren lassen will; und ich glaube, ich kann mich rühmen, die ungebildetste und unwissendste Frau zu sein, die es je gewagt hat, Schriftstellerin zu werden.

JA 370 f., an James Clarke, 11. Dezember 1815

*

Benjamin Portal ist hier. Ist das nicht reizend! Ich weiß zwar nicht genau, warum, aber der zweite Satz folgte dem ersten so selbstverständlich, dass ich nicht umhin konnte, ihn hinzuschreiben.

L 67, 11. Juni 1799

*

»Aber Sie lesen sicher keine Romane.«

»Wieso nicht?«

»Weil sie nicht intelligent genug für Sie sind. Männer lesen anspruchsvollere Bücher.«

»Ein Leser, ganz gleich, ob männlich oder weiblich, der an guten Romanen kein Vergnügen hat, muss unerträglich dumm sein.«

Henry Tilney und Catherine Morland, KN 115

*

[…] wenn ein verregneter Vormittag sie anderer Vergnügungen beraubte, […] schlossen sich [Catherine und Isabella] ein, um gemeinsam Romane zu lesen. Jawohl, Romane, denn ich möchte nicht die gängige, so engstirnige und unkluge Gewohnheit *der* Romanschriftstellerinnen unterstützen, die durch verächtliche Kritik genau die Werke herabsetzen, zu deren Zahl sie selbst doch beitragen, und sich dadurch mit ihren ärgsten Feinden verbinden, dass sie ihren Heldinnen kaum gestatten, sie zu lesen. Wenn diese aber einmal aus Versehen einen Roman in die Hand nehmen, blättern sie seine Seiten unweigerlich mit Widerwillen durch. Doch ach, wenn die Romanheldinnen sich nicht gegenseitig beistehen, von wem sollen sie dann Förderung und Verständnis erwarten? Ich billige das nicht. Wir wollen es den Kritikern überlassen, diese Phantasiegebilde nach Belieben in den Schmutz zu ziehen und bei jedem neuen Roman ihre abgedroschene Litanei über den Schund abzusingen, unter dem die Druckerpressen heutzutage ächzen.

KN 33

*

Zur Teezeit aber hatte Mr. Bennet genug und war froh, seinen Gast wieder in das Wohnzimmer hinüberzubitten und ihn auffordern zu können, den Damen anschließend etwas vorzulesen. Mr. Collins stimmte bereitwillig zu, und man brachte ein Buch, aber als er es näher ansah (seine Herkunft aus der öffentlichen Bücherei war leicht zu erkennen), stutzte er und bat, man möge ihn entschuldigen, da er nie Romane lese. Kitty sah ihn entgeistert an, und Lydia schrie auf. SV 80

*

[Sir Edward] begann mit gewählten, gefühlsbetonten Formulierungen vom Meer und von der Küste zu sprechen und haspelte dabei mit Nachdruck all die Phrasen ab, die man für ihre Erhabenheit verwendet und die die *unbeschreiblichen* Empfindungen *beschreiben*, die sie im Gemüt eines äußerst empfindsamen Menschen erregen. Die fürchterliche Großartigkeit des Ozeans bei Sturm, seine gläserne Oberfläche bei ruhiger See, seine Möwen und seine Seepflanzen und die unendlichen Abgründe seiner Tiefe, sein plötzlicher Wandel, seine schrecklichen Täuschungen, die Seeleute, die ihn im Sonnenschein herausfordern und von einem unverhofften Sturm überrascht werden – alles das streifte er gewandt und flüssig, vielleicht nicht gerade originell, aber alles klang von den Lippen des gutaussehenden Sir Edward recht überzeugend, und sie musste ihn wohl oder übel für einen gefühlvollen Menschen halten, bis er sie mit der Zahl seiner Zitate und der Unsinnigkeit einiger seiner Sätze schockierte.

»Erinnern Sie sich«, sagte er, »an Scotts schöne Zeilen vom Meer? Ah, welche Anschaulichkeit! Ich muss immer an sie denken, wenn ich hier entlanggehe. Wer sie ohne innere Bewegung lesen kann, muss das Gemüt eines Meuchelmörders haben. Der Himmel bewahre mich davor, so einem Menschen unbewaffnet zu begegnen.«

»Welche Zeilen meinen Sie?« fragte Charlotte. »Ich erinnere mich im Moment an keine Zeilen über das Meer in Scotts Gedichten.«

»Tatsächlich nicht? Im Moment kann ich mich an den Anfang auch nicht genau erinnern, aber ... seine Charakterisierung der Frau haben Sie doch bestimmt nicht vergessen:

›O Frauen, wenn wir still genießen ...‹

Erlesen! Einfach erlesen! Auch wenn er nichts anderes geschrieben hätte, wäre er unsterblich [...]. Aber da wir gerade über Gedichte sprechen, Miss Heywood, was halten Sie von Burns' Zeilen an seine Mary? Ah, da ist Pathos zum Tollwerden! Wenn es je einen Menschen gab, der *empfand*, dann war es Burns. Montgomerys Gedichte sind von Glut erfüllt, Wordsworths wahrhaft beseelt, Campbells rühren mit ihrer freudigen Hoffnung bis ins Innerste:

›Wie der Besuch von Engeln, selten nur,
höchst selten …‹

Können Sie sich etwas Beruhigenderes, Schmelzenderes, von Erhabenheit Durchtränkteres als diese Zeilen vorstellen? Aber Burns – ich gestehe, dass ich ihn für den Hervorragendsten halte, Miss Heywood. *Wenn* Scott einen Fehler hat, dann ist es sein Mangel an Leidenschaft, elegant, anschaulich, aber *zahm*. Ein Mann, der den Wesenszügen der Frau nicht Gerechtigkeit widerfahren lässt, ist immer meiner Verachtung gewiss. Manchmal allerdings scheint bei ihm ein Strahl von Empfindung aufzuleuchten, wie in den Zeilen, von denen wir sprachen:

›O Frauen, wenn wir still genießen …‹

Aber Burns ist immer voller Glut. Seine Seele ist ein Altar, auf dem dem Urbild der Weiblichkeit göttliche Dankopfer dargebracht werden, und sein Geist haucht den unsterblichen Weihrauch aus, mit der er sie feiert.«

»Ich habe ein paar Gedichte von Burns mit großem Vergnügen gelesen«, meinte Charlotte, sobald sie Gelegenheit hatte, etwas zu sagen, »aber mir fehlt der poetische Sinn, um die Dichtung eines Mannes völlig von seinem Charakter zu trennen […]. Es fällt mir schwer, seine Gefühle als Liebhaber für *echt* zu halten […]. Er fühlte, schrieb und vergaß.«

»Oh, nein, nein«, rief Sir Edward hingerissen. »Er war ganz Leidenschaft und Wahrheit! Vielleicht haben sein Genie und seine Empfänglichkeit ihn zu einigen Verirrungen verleitet. Aber wer ist vollkommen? Es wäre hypertrophe Kritik, es wäre Pseudophilosophie, von der Seele eines so exaltierten Genies zu verlangen, dass sie am Boden haftet wie der Geist gewöhnlicher Sterblicher. Was sich aus der vor Leidenschaften übersprudelnden Herzenstiefe eines Mannes an kreativen Einfällen emporringt, lässt sich wohl kaum mit den prosaischen Maßstäben des Dekorums messen; und weder Sie, reizendste Miss Heywood (er sprach mit einem Anflug tiefer Empfindung), noch irgendeine Frau können sich zur gerechten Richterin über die unkontrollierbaren Impulse aufschwingen, zu denen sich ein Mann redend, schreibend oder handelnd in seiner unbezähmbaren Inbrunst hinreißen lässt.«

All das war gut und schön, aber wenn Charlotte es richtig verstand, durchaus nicht sehr moralisch; und da sie ohnehin von seiner etwas sonderbaren Art, Komplimente zu machen, nicht angetan war, antwortete sie lediglich in ernstem Ton: »Von solchen Dingen verstehe ich nichts. Was für ein schöner Tag! Der Wind kommt offenbar von Süden.«

»Glücklicher, glücklicher Wind, der Miss Heywoods Gedanken erfüllt!«

Er fing allmählich an, ihr einfach albern vorzukommen [...].

Sir Edward näherte sich sogleich Charlotte und sagte: »[...] Meine Schwester brauchte Rat beim Aussuchen einiger Bücher. Wir haben viel Freizeit und lesen sehr gerne. Ich bin allerdings kein wahlloser Leser von Romanen. Den üblichen Schund der durchschnittlichen Leihbücherei verachte ich tief. Ich mache mir gar nichts aus den infantilen Produktionen, in denen mediokre Geister ihre widersprüchlichen und infantilen Plattitüden oder ihre irrelevanten Abgeschmacktheiten und Banalitäten vortragen, deren edukativer Wert insignifikant ist. Umsonst extrahieren wir sie in einem literarischen Destillierkolben; es lässt sich nichts daraus destillieren, was die Humanwissenschaften fördert. Sie folgen mir?«

»Ich weiß nicht recht. Wenn Sie die Art von Roman genauer beschreiben, die Sie billigen, dann bekomme ich sicher eine klarere Vorstellung.«

»Von Herzen gern, schöne Fragestellerin! Die Romane, die ich billige, amalgamieren Lebenstreue und menschliche Größe und analysieren die sublimsten Empfindungen; sie thematisieren die Progression einer unwiderstehlichen Leidenschaft vom Keim der ersten Attraktion bis zu den Wahnsinnsausbrüchen eines derangierten Geistes. Da begreift man, welch verheerendes Feuer der Funke weiblicher Bezauberung in der Seele des Mannes entfacht, so dass er auch unter Verletzung primitiver Moralgebote alles unternimmt, alles wagt, alles versucht, die Frau zu besitzen. Das sind die Werke, in die ich mich mit Hingabe und – wie ich wohl sagen darf – mit Gefühlen der Erhebung versenke. Da bewundere ich den hohen Gedankenflug, die Tiefe der Einsicht, die Darstellung unbezähmbarer Passionen und die Unwiderruflichkeit der Entscheidungen; und selbst wenn die Handlung sich zu Ungunsten der hochfliegenden Pläne des Protagonisten, des vitalen, konsequenten Helden der Geschichte entwickelt, gewinnt er doch unsere Bewunderung und unser Verständnis. Wir sind fasziniert. Ernsthaft zu behaupten, dass die quietistischen und morbiden Tugenden seines *Widersachers* die Leser mehr fesseln als seine himmelstürmende Leidenschaft, wäre reine Pseudophilosophie. *Ihm* werfen wir nur ein paar Almosen hin. Das sind die Romane, die die elementare Empfindungskraft des Herzens stärken und dem Urteilsvermögen des reifen, sich seiner maskulinen Würde bewussten Mannes keinen Abbruch tun und seine charakterliche Stabilität nicht ins Wanken bringen.«

»Wenn ich Sie richtig verstehe«, sagte Charlotte, »unterscheidet sich unser literarischer Geschmack erheblich.«

[…] Charlotte Heywood und Sir Edward Denham, DW 196–199, 204 f.

*

Dass Devereux Forester an seiner Eitelkeit zugrunde geht, ist ausgezeichnet; aber mir wäre es lieber, Du ließest ihn nicht in einen »Abgrund von Ausschweifung« stürzen. Ich habe nichts gegen die Sache, aber ich kann den Ausdruck nicht ausstehen; es ist solch abgeschmackter Romanjargon – und so abgedroschen, dass Adam ihm vermutlich schon im ersten Roman begegnet ist, den er in die Hand nahm.

L 404, an Anna Austen, 28. September 1814

*

Wenn eine unserer Gaben noch großartiger als die anderen genannt werden kann, dann ist es, finde ich, das Gedächtnis. Es liegt etwas Verräterisches darin, dass die Stärke, das Versagen, die Unzuverlässigkeit des Gedächtnisses so viel unbegreiflicher sind als die all unserer anderen Geisteskräfte. Das Gedächtnis ist manchmal so verlässlich, so nützlich, so gehorsam und manchmal so verwirrt und so schwach und dann wieder so tyrannisch, so unkontrollierbar! Wir sind zwar in *jeder* Hinsicht ein Wunder, aber unsere Fähigkeit, zu erinnern oder zu vergessen, erscheint ganz besonders unerklärlich. Fanny Price in MP 252 f.

*

Die zehnjährige Fanny Price in Mansfield Park

Zeichnung von Henry Mathew Brock, 1898

Als wir ihren Vater und ihre Mutter los waren, gingen Mary und ich zum Liverpool Museum und zur British Gallery, und ich habe mich in beiden auch ganz gut amüsiert, obwohl ich bei meiner Vorliebe für wirkliche Menschen eher dazu neige, ihre Gesellschaft dem Anblick der Bilder vorzuziehen.

L 267, 18. April 1811

*

»Shakespeare lernt man kennen, ohne eigentlich zu wissen, wie. Er wird jedem Engländer zur zweiten Natur. Seine Gedanken und Schönheiten sind so verbreitet, dass man überall darauf stößt; man ist instinktiv mit ihnen vertraut. Niemand, der auch nur etwas Verstand hat, kann eines seiner Stücke an einer schönen Stelle aufschlagen, ohne sogleich vom Fluss seiner Gedanken ergriffen zu werden.«

»Zweifellos ist man in gewisser Weise mit Shakespeare vertraut«, sagte Edmund, »von Kindesbeinen an. Seine berühmten Passagen werden von allen zitiert, sie stehen in jedem zweiten Buch, das wir in die Hand nehmen, und wir alle sprechen Shakespeares Sprache, benutzen seine Bilder und beschreiben mit seinen Beschreibungen; aber das hat mit der Art, wie Sie ihn interpretiert haben, gar nichts zu tun. Ihn in Bröckchen oder Häppchen zu kennen ist ziemlich üblich; ihn einigermaßen gründlich zu kennen ist vielleicht nicht unüblich, aber ihn gut vorzutragen ist nicht jedem gegeben.«

Henry Crawford und Edmund Bertram in MP 408 f.

*

Zornige Leute sind nicht immer klug. SV 305

*

Es ist mir schon öfter aufgefallen, dass es uns am besten gelingt, uns abzufinden, wenn die Gnade, die sich uns verweigert, in unseren Augen schon an Wert verliert. Mr. Collins, SV 133 f.

*

Nichts ist verlogener [...] als der Anschein von Bescheidenheit. Oft ist er nur Gedankenlosigkeit und manchmal sogar versteckte Angeberei.

Mr. Darcy, SV 56

*

Ich möchte gar nicht, dass die Menschen übermäßig liebenswürdig sind, denn das erspart mir die Mühe, sie sonderlich leiden zu mögen.

L 43, 24. Dezember 1798

*

Leid ist nicht Buße. Jane Fairfax in E 499

*

Am Dienstagabend soll eine großartige Galaveranstaltung in den Sydney Gardens [in Bath] stattfinden; ein Konzert mit Illuminationen und Feuerwerk. Auf letzteres freuen Elizabeth und ich uns ganz besonders, und selbst das Konzert wird diesmal mehr als den üblichen Zauber für mich haben, denn der Park ist groß genug, um sich seinen Klängen völlig entziehen zu können. L 65, 2. Juni 1799

*

Ich habe Mr. Hampson dort kurz getroffen. Er kommt morgen zum Essen zu uns und hat vorgeschlagen, seinen Sohn mitzubringen; ich muss nun also wohl oder übel George Hampson begegnen, obwohl ich eigentlich gehofft hatte, ohne dieses Vergnügen durchs Leben zu gehen. L 398, August 1814

*

[Es] liegt etwas so Liebenswürdiges in den Vorurteilen eines jungen Menschen, dass man sie mit Bedauern vor der allgemeinen Meinung kapitulieren sieht. [...] wenn die romantische Subtilität eines jungen Menschen weichen muss – wie oft treten dann Ansichten an ihren Platz, die nur zu alltäglich und zu gefährlich sind! Oberst Brandon in VG 67.

*

Ich musste mir neulich furchtbaren Unsinn anhören. Mr. Haden glaubt fest daran, dass ein unmusikalischer Mensch zu jeder Untat fähig ist. Ich bemühte mich, dagegen zu halten, hätte die Sache aber gern in fähigeren Händen gewusst. L 435, 24. November 1815

*

Je mehr man für manche Leute tut, desto weniger tun sie für sich selbst. E 109

*

Ein Optimist, der immer mehr erwartet, als dann wirklich eintrifft, bezahlt seine Hoffnungen nie mit der entsprechenden Niedergeschlagenheit. E 170

*

Es ist nicht einfach für die Glücklichen, bescheiden zu sein. Frank Churchill in E 520

Zeittafel

1775 Jane Austen wird am 16. Dezember in dem Dorf Steventon in Hampshire, wo ihr Vater Pfarrer ist, als siebtes von acht Kindern von George Austen (1731–1805) und Cassandra Leigh (1739–1827) geboren. Die mütterliche Familie gilt als vornehmer. Jane und ihre ältere Schwester Cassandra (1773–1845) sind die einzigen Mädchen; der Bruder George (1766–1838) leidet als Kleinkind unter »fits« (Anfällen) und wird für immer weggegeben; über ihn ist weiter nichts bekannt. Das Familienleben der konservativen »Tory«-Familie ist lebhaft und anregend. Der Vater hat eine gute Bibliothek und ermutigt die Kinder zum Lesen. Neben Shakespeare wird Jane mit der englischen Literatur des 18. Jahrhunderts – etwa Laurence Sterne und Henry Fielding – früh vertraut; später liest sie auch ihre Zeitgenossen, etwa Lord Byron und Walter Scott; ihr Lieblingsdichter ist der Lyriker William Cowper. Der Vater gilt auch als Kenner der Antike. Man unterhält lebhaften Umgang mit den Familien in der Umgebung, wo öfter auch Tanzabende für die Jugend stattfinden.

Janes gesamte Lebenszeit bildet eine durch die

Revolution und die Napoleonische Herrschaft in Frankreich für Großbritannien und ganz Europa instabile, aber auch aufregende Epoche. Fast die ganze Zeit befindet sich England im Krieg mit Frankreich, was das nationale Bewusstsein in Großbritannien fördert und das Militär und die Kriegshelden (Wellington und Nelson) populär macht.

1776 Am 4. Juli erklären die amerikanischen Kolonien Großbritanniens ihre Unabhängigkeit. Im Frieden zu Versailles muss das Mutterland 1783 den Verlust der wertvollen Kolonie anerkennen.

1783–87 Jane und Cassandra besuchen nacheinander zwei private Mädchenpensionate. Deren anspruchsloser Charakter ist wohl in Mrs. Goddards Schule in *Emma* reflektiert, »wohin man Mädchen schicken kann, damit sie aus dem Weg sind und sich ein bisschen Bildung zusammenkratzen können, ohne Gefahr zu laufen, als Genie zurückzukommen«.

1783 Janes Bruder Edward (1767–1852) wird von Mr. Austens Verwandten, dem kinderlosen Ehepaar Thomas und Catherine Knight, adoptiert und wird so Erbe zweier großer Herrensitze, Godmersham in Kent und Chawton in Hampshire. In Chawton kann er dadurch seiner Mutter und seinen beiden Schwestern ab 1809 ein Haus zur Verfügung stellen. Edward nimmt

1812 den Namen Knight an. Da seine Frau schon 1808 stirbt, helfen ihm seine Schwestern bei ihren längeren Besuchen in Godmersham und Chawton bei der Erziehung seiner elf Kinder.

1787 Janes Bruder Francis (1774–1865) beginnt seine Karriere in der Marine auf der Royal Navy Academy in Portsmouth. Er stirbt hochbetagt als Flottenadmiral Sir Francis Austen. Er heiratet zweimal und hat von seiner ersten Frau elf Kinder. Er ist das einzige Familienmitglied, von dem eine Fotografie existiert.

1787–92 Jane schreibt ihre meist im Familienkreis vorgelesenen Jugendwerke, die sie in drei Heften sauber abschreibt und sammelt. In diesen Jahren führen die Austen-Kinder in der Scheune auch Theaterstücke auf. In die Theaterszenen in *Mansfield Park* fließen also eigene Erfahrungen Janes ein. In der Familie wird auch viel vorgelesen. Zu den Lektüren, die Jane für ihre Jugendwerke literarisch und parodistisch Anregungen vermitteln, gehören Samuel Richardson, die Autorinnen von Frauenromanen, etwa Fanny Burney und Maria Edgeworth, und die damals so beliebten Schauerromane (»Gothic Novels«), deren berühmteste Autorin Ann Radcliffe ist. In *Kloster Northanger* macht sich Jane über diese gruselige Modelektüre lustig.

Jane Austens erste Liebe, Tom Lefroy

Porträtminiatur, um 1800

1789–90 Janes Brüder James und Henry geben in Oxford die halb ernsthafte, halb satirische Wochenschrift *The Loiterer* heraus. James dichtet auch.

1791 Auch Janes jüngster Bruder Charles (1779–1852 in Burma) beginnt nun seine Karriere in der

Marine auf der Royal Navy Academy in Portsmouth und bringt es bis zum Konteradmiral. Er heiratet zweimal; die erste Frau, die Tochter des Gouverneurs von Bermuda, lebt zeitweise mit ihrem Mann auf seinem Schiff. Er hat acht Kinder.

Beide Brüder zeichnen sich im Seekrieg gegen Napoleon aus. Sie tragen zur sympathischen Darstellung von Marineoffizieren in Janes Romanen bei. Sie kommen nur noch sporadisch nach Hause, da sie oft monate-, ja jahrelang auf See sind, bringen aber von ihren Reisen in alle Welt (Mittelmeer, Karibik, China, Nordamerika, Ostsee) politische Nachrichten und interessante Neuigkeiten mit.

1794 Erster Besuch Janes in Bath, den sie 1799 mit Edward und seiner Familie, also in vornehmerer Gesellschaft, wiederholt.

1795–96 Jane verliebt sich in Tom Lefroy, dem aber seine Verwandten ein engeres Verhältnis mit ihr nicht gestatten: »Zu guter Letzt ist der Tag gekommen, an dem ich zum letzten Mal mit Tom Lefroy flirten kann, und wenn du diesen Brief erhältst, ist es vorbei. Meine Tränen fließen, während ich die trübselige Vorstellung erwähne.« Tom wird später der höchste Richter Irlands; ererinnert sich an die Begegnung mit Jane als »lediglich eine Jugendliebe«.

1795 Cassandra verlobt sich mit dem Geistlichen Tom Fowles, der vor Antritt einer Pfarre in die Karibik fährt und dort im Februar 1797 am Gelbfieber stirbt. Er hinterlässt seiner Verlobten 1000 Pfund. Cassandra bleibt ledig, was zur lebenslangen engen Beziehung der beiden Schwestern beiträgt. Als Jane sechs Jahre alt war, sagte ihre Mutter: »Wenn Cassandra geköpft würde, würde Jane darauf bestehen, ihr Schicksal zu teilen.«

1796–97 Jane schreibt die ersten Fassungen von *Verstand und Gefühl* (unter dem Titel *Elinor and Marianne)* und *Stolz und Vorurteil* (unter dem Titel *First Impressions*).

1797 Janes Vater bietet *First Impressions* einem Londoner Verlag zur Veröffentlichung an – ohne Erfolg.

Janes Bruder Henry (1771–1850), nach seinem Studium in Oxford Offizier in der Armee, heiratet seine zehn Jahre ältere Cousine Eliza Hancock, verwitwete Comtesse de Feuillide. Ihr französischer Mann, den sie 1781 geheiratet hatte, war 1794 in Paris guillotiniert worden. Die hübsche Eliza lebte schon von 1786 bis 1788 und dann wieder ab 1791 in England, häufig als Gast bei den Austens, wo sie mit ihren Frankreicherfahrungen Charme und eine gewisse Exotik verbreitete und auch an den Theateraufführungen teilnahm.

1798–99 Jane schreibt unter dem Titel *Susan* die erste Fassung von *Kloster Northanger*.

1800 Fähnrich Charles Austen erhält beim Kapern des französischen Schiffes *La Tribune* ein Prisengeld von 30 Pfund und kauft davon für seine Schwestern zwei Topasanhänger. Jane ›verewigt‹ ihr Topaskreuz in *Mansfield Park*.

1801–06 Nach der Pensionierung von Janes Vater ziehen die Eltern mit ihren Töchtern nach Bath. Bei der Ankündigung des Umzugs fällt Jane angeblich in Ohnmacht.

1801 Sommeraufenthalt Janes im Seebad Sidmouth an der Südküste, das wohl später in *Sanditon* wieder auflebt.

1802 Sommeraufenthalt an der Küste von Devon in Dawlish und Teignmouth. Hier oder schon in Sidmouth knüpft Jane ein ernsthaftes Verhältnis mit einem jungen Geistlichen an, der aber schon einige Wochen später stirbt.
Am 2. Dezember erhält Jane als fast 27-Jährige einen Heiratsantrag von dem 21-jährigen Harris Bigg-Wither, einem stattlichen, aber stotternden Nachbarssohn. Sie nimmt ihn an, widerruft ihre Zusage aber am nächsten Morgen. Sie schreckte wohl vor einer bloßen Vernunftehe ihrerseits zurück.

1803 Im Frühjahr verkauft Jane *Susan, a Novel in Two Volumes* für 10 Pfund an den Londoner

Verleger Richard Crosby, der die Veröffentlichung ankündigt, aber nicht ausführt. Am 4. April 1809 fragt Jane brieflich beim Verlag nach dem Schicksal ihres Manuskripts an; er antwortet ihr, sie könne es für dieselbe Summe zurückkaufen, was sie 1816 tut.

1804 Im Herbst Besuch des Seebades Lyme Regis an der Südküste, das in *Überredung* einen Schauplatz bildet.

1804–05 Jane schreibt das Romanfragment *The Watsons*.

1805 Mögliches Datum der Entstehung des Briefromanfragments *Lady Susan*. Janes Neffe Edward Austen-Leigh und ein Teil der Forschung halten es für ein zwischen 1793–95 geschriebenes frühes Werk.

Janes ältester Bruder James (1765–1819) übernimmt nach seinem Studium in Oxford und einer Vikarszeit die Pfarre seines Vaters in Steventon. Er heiratet zweimal; seine Tochter aus erster Ehe und sein Sohn und seine Tochter aus zweiter Ehe haben literarische Ambitionen. Die beiden letzteren tragen erheblich zu unserer Kenntnis von Jane, ihrer Familie und ihren Lebensumständen bei.

In der Seeschlacht von Trafalgar vor der Südwestküste Spaniens am 21. Oktober besiegt die englische Flotte unter Admiral Horatio Nelson die französische Flotte entscheidend. Kapitän Francis Austen verpasst mit seinem Schiff »Canopus« das Schlachtgeschehen zu seinem Bedauern um Stunden, ist aber dann am 6. Februar 1806 an der erfolgreichen Seeschlacht von St. Domingo in der Karibik gegen französische Schiffe beteiligt.

1806 Jane, ihre Mutter und Cassandra leben als Gäste eines entfernten Verwandten ein paar Wochen lang hocharistokratisch auf Stoneleigh Abbey in Warwickshire.

1806–09 Mrs. Austen zieht mit ihren beiden Töchtern und deren unverheirateter Freundin Martha Lloyd, die 1828 Janes Bruder Francis heiratet, nach Southampton, wo Francis, sofern nicht auf See, mit seiner Familie lebt.

1809 Mrs. Austen zieht mit ihren Töchtern nach Chawton in Hampshire, wo ihr Sohn Edward das Herrenhaus besitzt.

1810 Umarbeitung des alten Manuskripts von *Verstand und Gefühl.*

1811 *Verstand und Gefühl* erscheint anonym »by a lady« und auf eigene Kosten.

In den folgenden Jahren mehrfach längere Besuche Janes bei ihrem Bruder Henry, der nun als Teilhaber einer Bank in London lebt. Die Bank macht allerdings 1816 Bankrott. Henry wird dann Pfarrer. Er heiratet nach

Elizas Tod (1813) noch einmal, hat aber keine Kinder.

Wegen der unheilbaren Krankheit von König George III. übernimmt der von Jane nicht geschätzte lebenslustige Prince of Wales, ab 1820 George IV., die Regentschaft. Das frivole ›Regency‹ beginnt.

1812 Umarbeitung des alten Manuskripts von *Stolz und Vorurteil.*

1813 *Stolz und Vorurteil* erscheint anonym »by the author of ›Sense and Sensibility‹«, »die köstlichste Komödie in unserer Sprache seit Shakespeare« (P. Honan, *Jane Austen*, 1987).

1814 *Mansfield Park*, geschrieben Februar 1811 bis Juli 1813, erscheint anonym »by the author of ›Sense and Sensibility‹, and ›Pride and Prejudice‹«.

1815 Die erste französische Übersetzung eines Romans von Jane Austen erscheint: *Raison et Sensibilité, ou les Deux Manières d'Aimer.*

Am 13. November besucht Jane auf Einladung des Prinzregenten, der ihre Romane schätzt, dessen Londoner Residenz Carlton House. Sie wird vom Bibliothekar des Regenten empfangen und widmet auf seine Empfehlung dem Regenten *Emma*. Der kurze Briefwechsel mit dem Bibliothekar Mr. Clarke enthält aufschlussreiche Äußerungen Janes über ihre Romankunst.

Emma, geschrieben 21. Januar 1814 bis 29. März 1815, erscheint anonym »by the author of ›Pride and Prejudice‹ etc. etc.« und als ihr erster Roman bei John Murray, dem angesehensten Verleger Englands, der auch Walter Scott und Lord Byron verlegt.

Am 7. Juli wird Napoleon an Bord der englischen Fregatte »Bellerophon« nach St. Helena verbannt.

1816 Beginn von Janes langsamem Verfall, wahrscheinlich durch die Addisonsche Krankheit (Nebennierenversagen). Sie hat mit ihren Romanen zu ihren Lebzeiten insgesamt ungefähr 700 Pfund verdient.

Im März veröffentlicht die *Quarterly Review* Walter Scotts seine sehr positive Rezension von *Emma* – die erste Anerkennung durch einen berühmten Kollegen: »Wir machen der Autorin kein kleines Kompliment, wenn wir sagen: Indem sie sich eng an alltägliche Ereignisse und an Charaktere hält, die ein Durchschnittsleben führen, hat sie Skizzen von solcher Lebendigkeit und Originalität geschaffen, dass wir auf den Reiz gar nicht angewiesen sind, den uns eine Erzählung voller außerordentlicher Ereignisse verschafft [...]. Diesen neuen Typ [von Roman] vertritt sie nahezu allein.«

1817 Am 22. Januar beginnt Jane an dem Roman

Sanditon zu arbeiten, den sie bei ihrem Tod bis zum 12. Kapitel fortgeführt hat.

1817 Am 24. Juni zieht Jane mit ihrer Schwester wegen der besseren ärztlichen Betreuung nach Winchester und stirbt dort am 18. Juli. Sie wird in der Kathedrale beigesetzt, wo ihre Grabplatte noch heute zu sehen ist. Auf ihr wird Janes literarische Tätigkeit nicht erwähnt.

1818 *Kloster Northanger* und *Überredung*, letzteres geschrieben 8. August 1815 bis 6. August 1816, erscheinen postum und anonym »by the author of ›Pride and Prejudice‹, ›Mansfield Park‹ etc.« herausgegeben von ihrem Bruder Henry, der ein Nachwort über seine Schwester hinzufügt und damit ihre Anonymität lüftet.

1822 Die erste deutsche Übersetzung eines Romans von Jane Austen erscheint: *Anna. Ein Familiengemälde von Johanna Austen* (*Überredung*).

Siglen und Textnachweise

Die Texte aus Jane Austens sechs Romanen werden nach der im Verlag Philipp Reclam jun. als Reclam Taschenbücher erschienenen vollständigen Ausgabe mit Seitenzahl und folgenden Siglen zitiert:

DW Die Watsons, Lady Susan, Sanditon. Die unvollendeten Romane, 2011
E Emma, 2007
KN Kloster Northanger, 2007
MP Mansfield Park, 2008
SC Die schöne Cassandra. Sämtliche Jugendwerke, 2012
SV Stolz und Vorurteil, 2008
Ü Überredung, 2007
VG Verstand und Gefühl, 2007

Die Texte aus den Briefen werden, soweit schon auf Deutsch erschienen, nach folgender Ausgabe zitiert:

JA Christian Grawe: Jane Austen. Mit einer Auswahl von Briefen, Dokumenten und nachgelassenen Werken. Stuttgart: Reclam, 1988.

Weitere Texte aus den Briefen wurden von den Herausgebern für den vorliegenden Band nach folgender englischer Ausgabe übersetzt:

L Jane Austen's Letters to her sister Cassandra and others. Collected and edited by R. W. Chapman. 2 vol. Oxford: Clarendon Press, 1932 (die Bände haben eine durchgehende Seitenzählung, Bd. 2 beginnt auf S. 267). Die zweite Auflage (Hrsg. Chapman, 1952) sowie die dritte und vierte Auflage (Hrsg. D. Le Fay, 1995 und 2011) sind für den vorliegenden Zweck irrelevant, da die wenigen neu aufgefundenen Brieffragmente nichts Vergnügliches enthalten.

Bei vollständigen Texten wird der Zitatangabe ein »ungekürzt« hinzugefügt, bei Briefen, die nicht an die Schwester Cassandra gerichtet sind, wird der Adressat genannt.

Die Zitate der Kapitelüberschriften stammen aus L; in der Reihenfolge: 330, 31, 401, 231, 225, 437, 7, 29.